ECONOMÍA PARA TODOS

Coordinación editorial:
DÉBORA FEELY

Diseño de tapa:
DCM DESIGN

ROBERT MARCUSE

ECONOMÍA
PARA TODOS

Cómo hacer fácil
lo difícil

GRANICA

BUENOS AIRES - BARCELONA - MÉXICO - SANTIAGO - MONTEVIDEO

© 2012 *by* Ediciones Granica S.A.

ARGENTINA
Ediciones Granica S.A.
Lavalle 1634 3º G / C1048AAN Buenos Aires, Argentina
Tel.: +54 (11) 4374-1456 Fax: +54 (11) 4373-0669
granica.ar@granicaeditor.com
atencionaempresas@granicaeditor.com

MÉXICO
Ediciones Granica México S.A. de C.V.
Valle de Bravo N° 21 El Mirador Naucalpan Edo. de Méx.
(53050) Estado de México - México
Tel.: +52 (55) 5360-1010 Fax: +52 (55) 5360-1100
granica.mx@granicaeditor.com

URUGUAY
Ediciones Granica S.A.
Scoseria 2639 Bis
11300 Montevideo, Uruguay
Tel: +59 (82) 712 4857 / +59 (82) 712 4858
granica.uy@granicaeditor.com

CHILE
granica.cl@granicaeditor.com
Tel.: +56 2 8107455

ESPAÑA
granica.es@granicaeditor.com
Tel.: +34 (93) 635 4120

www.granicaeditor.com

ISBN 978-950-641-686-7

Hecho el depósito que marca la ley 11.723
Impreso en Argentina. *Printed in Argentina*

Marcuse, Robert
    Economía para todos : cómo hacer fácil lo difícil . -
1a ed. - Buenos Aires : Granica, 2012.
    152 p. ; 22x15 cm.

    ISBN 978-950-641-686-7

    1. Economía.
    CDD 330

ÍNDICE

PRÓLOGO

Tengo el placer de conocer al Dr. Robert Marcuse desde hace ya muchos años. Siempre me asombró –y continúa haciéndolo– su vitalidad para llevar adelante grandes empresas. Y este libro, que tengo el gusto de prologar, es una muestra de ello.

En un mundo en donde los mediocres se expresan en términos rebuscados, encontramos un libro que en un lenguaje claro y sencillo, nos brinda información sobre los grandes temas de la economía. Como bien dice el Dr. Marcuse en su Introducción, este no es un libro de economía, sino un libro que habla de economía.

Desde los periódicos, radios, canales de televisión y cuanto medio de comunicación exista, recibimos información que hace referencia a dinero, precios, oferta y demanda, mercado, competencia, inflación, devaluación, desempleo, producto bruto, emisiones públicas y privadas, inversiones, ahorro, etc., que no todo el mundo puede procesar debidamente, no solo porque no sea su especialidad, sino principalmente porque no conoce su definición, y cuando la busca y encuentra, esta es tan técnica que desalienta ese ejercicio.

El Dr. Marcuse sabe hacer fácilmente entendible estos conceptos. Resulta ameno, aun a aquel que está familiarizado con la materia, leer este excelente trabajo.

Economía para todos es una obra que debe estar en toda biblioteca porque siempre habrá alguien que quiera conocer –sin excesivo tecnicismo– los principios básicos de la economía, y el Dr. Marcuse los va desarrollando a lo largo del libro con meridiana claridad.

NORBERTO C. PERUZZOTTI
Director Ejecutivo
Asociación de Bancos Privados de Capital
Argentino - ADEBA

INTRODUCCIÓN

¿Economía? Eso suena difícil y aburrido.

En realidad, nada es difícil, solo parece serlo. A veces creemos que algunas cosas son difíciles porque nos las explican en términos técnicos, o sea, poco claros para quienes no dominan los temas tratados. Como estamos acostumbrados a hablar "en sencillo", no nos entendemos. Es como si conversáramos en idiomas distintos, unos en español y otros en un lenguaje raro y desconocido. Y lo que no se entiende resulta aburrido, aun cuando no haya razones para que lo sea.

Podemos creer que no nos interesa la economía, pero si lo hacemos estamos equivocados. Porque, nos guste o no, la economía condiciona nuestra vida, y, por lo tanto, ignorarla es como vivir a ciegas.

La economía nos afecta a diario, y todas nuestras acciones tienen repercusiones económicas. En el momento en que tomamos conciencia de ello, nos sorprendemos y maravillamos como el personaje de una comedia teatral cuando descubre que toda su vida, sin saberlo, habló en prosa.

Entender qué es la economía nos ayuda a comprender lo que ocurre alrededor y por qué. Esto no impedirá que suframos las consecuencias de las crisis económicas, pero nos puede ayudar a tomar algunas precauciones para mitigar los efectos negativos que pueden tener sobre nosotros y nuestras familias.

Todos nos hicimos y nos hacemos preguntas como:

¿Por qué me cuesta tanto encontrar quien me contrate de secretaria?
¿Por qué me quieren rebajar el sueldo?
¿Por qué mi hijo, a pesar de ser muy eficiente y trabajador, perdió su empleo?
¿Por qué ya no me alcanza el sueldo?
¿Por qué sube el precio de la gasolina?
¿Por qué la calidad de lo que compro hoy es inferior a la de lo que compraba el año pasado?
¿Por qué las cosas importadas son más baratas (o más caras) que las nacionales?
¿Qué tiene que ver conmigo lo que sucede en Japón o Arabia Saudita?
¿Por qué los dueños de la empresa en que trabajo quieren venderla?
¿Por qué todo se compra y se vende en dólares, si esta no es la moneda de mi país, ni la moneda en la que me pagan el sueldo?
¿Por qué sucede siempre lo contrario de lo que nos anuncia el ministro de Economía?

Son preguntas sencillas que necesitan contestaciones sencillas. Trataremos de responder a estas inquietudes.

Así como no podemos evitar vivir en la economía, también resulta imposible eludir los comentarios, las aseveraciones y los discursos que a diario se refieren a ella, pronunciados tanto por personas conocedoras del tema como por otras que no lo son. Esto nos confunde aún más. La prensa –especializada o no– utiliza de manera constante, correcta o erróneamente, muchos términos económicos. Y así agregamos a nuestras propias interpretaciones, a veces equivocadas, las de los demás.

En realidad, este no es un libro de economía, sino un libro que habla de economía –que a todos nos afecta–. Está escrito para los que quieren que se les hable en un idioma claro, sin excesivo tecnicismo, y para que pueda ser entendido por todos aquellos que no son economistas, es decir, la mayoría.

CAPÍTULO I

EL PRINCIPIO

La familia

Desde el momento en que nacemos, tenemos necesidades. Antes que nada, necesitamos comer y beber para sobrevivir. Nos hace falta una cuna para dormir, una cobija para no tener frío y una tina para que nos laven cuando nos ensuciamos. Después, necesitamos juguetes para divertirnos mientras crecemos. Se nos provee de todo esto sin que tengamos que hacer nada para conseguirlo, sin que tengamos que dar nada a cambio. Nuestra madre y nuestro padre, y a veces nuestros hermanos y hermanas, nos dan todo lo que necesitamos por puro cariño, sin pedirnos nada en compensación. Solo tenemos que llorar para pedir, y sonreír para agradecer. Es que un bebé es una personita que consume puré, leche y pañales, pero todavía no produce nada de lo que los demás necesitan. Por suerte, tiene una familia que lo quiere.

El resto de la familia consume comida, bebida, ropa y muchísimas otras cosas, pero también produce. El padre trabaja en la oficina y, una vez al mes, le dan dinero por ello. La madre también tiene un empleo, o trabaja en la casa, limpiando y cocinando, con lo cual la familia se ahorra de tener que pagar a una persona que limpie o a una cocinera. Los hermanos van a la escuela para aprender a producir cosas que ellos y los demás necesitan, y entretanto, en sus horas libres, ayudan a su padre y a su madre... cuando no miran televisión. Una familia es una pequeña economía.

Una economía está formada por gente que produce cosas, por gente que las utiliza o consume, y por gente que hace ambas cosas (que es la mayoría). La economía es lo que nos permite vivir en sociedad, haciendo cosas que sirven a los demás porque ellos hacen cosas que nos sirven a nosotros, y las intercambiamos para vivir mejor.

La agricultura

Al principio fueron el hombre y la mujer. El hombre cazaba y la mujer cuidaba de los niños. Cuando el hombre volvía de la caza repartía con ella la comida que traía. Se quedaba con la mejor parte pero, de todos modos, repartía.

Esta primera división del trabajo entre dos personas y el hecho de que compartían lo cazado constituía ya una economía, aunque es la más rudimentaria que haya existido.

Luego, varias parejas se juntaron para defenderse mejor de los animales salvajes. Eran nómadas, es decir, no se quedaban nunca en un lugar fijo, sino que andaban de aquí para allá, llevando a cuestas lo poco que tenían. Vivían principalmente de la caza. Eso sí, cazaban todos juntos. Pero esto no los diferenciaba mucho de los demás seres, porque, al fin y al cabo, los lobos también cazan en manada.

Recién cuando se dieron cuenta de que aquello no era vida y quisieron mejorar su dieta, empezaron a sembrar semillas para ver qué pasaba. Todos sabemos que lo que se planta no crece de inmediato: las plantas y los frutos toman su tiempo. Entonces los hombres no tuvieron más remedio que establecerse en un lugar fijo y esperar el momento de cosechar lo sembrado. Así nació la agricultura.

Los hombres ya no debían ir a buscar vegetales y frutos que crecen porque sí, en cualquier parte, donde uno solo puede encontrarlos por casualidad, si tiene suerte. Ahora los sembraban para que crecieran en un lugar determinado, y luego se los pudiera recoger todos juntos, en una sola cosecha.

El comercio

La agricultura ya era una mejora. Al principio, cada uno plantaba lo suyo. Lo mismo que con la caza, se repartía en cada familia lo cosechado. Las mujeres lo cocinaban y después lo comían entre todos. Pero la dieta seguía siendo algo monótona. Algunos comían carne y choclos, otros comían carne y espinaca, y otros comían carne y zapallo.

Un día, un jefe de familia se hartó de comer todos los días espinaca. Cuando regañó a su mujer al respecto, ella le dijo: "Eso es lo que me traes".

Por su parte, su vecino estaba cansado de comer zapallo. Cuando se quejó de ello a su mujer, esta también le respondió: "Eso es lo que me traes".

Por suerte los dos hombres eran amigos, porque cazaban juntos. Se les ocurrió que podrían intercambiar algunas espinacas por algunos zapallos. Y así lo hicieron.

Fue lo que hoy se llama un trueque, o sea, la primera y más sencilla operación comercial, y el principio de una economía más sofisticada.

Desde ese momento dichos amigos comían alternativamente espinaca y zapallo, hasta el día que se les ocurrió que, quizá, también podrían comer choclo, que era lo que cosechaba un tercer vecino, y llegaron a un acuerdo con este.

Luego se fueron organizando para plantar y cosechar juntos más rápido y mejor.

El crédito

El trueque, o sea el intercambio de choclos por espinacas, manzanas por limones, o seis pollos por un cordero, es, sin duda, comercio. Pero es un comercio muy rudimentario. Para poder cambiar manzanas por limones, estas dos frutas deben estar maduras en la misma época, lo cual no es el caso. Entonces, el que cosecha los limones debe guardar algunos para cuando, más tarde, sean cosechadas las manzanas. ¿Y si entretanto los limones se pudren? Alguien se quedará sin manzanas, y otro tendrá un empacho al comerlas todas, para que no se pudran también.

Supongamos que un hombre tiene un gallo y muchas gallinas y otro tiene una oveja preñada. El segundo necesita las seis gallinas hoy, porque da una gran fiesta esta noche y, en cambio, estaría dispuesto a ceder al primero el corderito que está por nacer. Pero su oveja todavía no parió.

¿Qué puede hacer? Tendrá que cancelar su fiesta, o los invitados deberán contentarse con comer choclos y más choclos.

Claro que su vecino podría confiar en él, y darle las gallinas contra su promesa de que le entregará el corderito tan pronto haya nacido o alcanzado el tamaño adecuado para ser comido. O sea, su vecino debe creer en su palabra y dar crédito a su promesa.

En realidad, el crédito es justamente eso: una manifestación de confianza.

Cuando hoy en día un banco le presta dinero a un cliente, lo hace porque tiene confianza en el cliente. Sabe que este le devolverá el dinero prestado en el tiempo previsto.

Por cierto, cuando por primera vez un hombre de las cavernas le dio gallinas a su vecino confiando en que este, más adelante, le entregaría a cambio un corderito, ninguno de los dos sospechó que habían inventado el crédito.

Hay que confesar que se trataba de un crédito muy informal. No se firmó ningún papel, porque todavía no habían sido inventados el papel ni el "pagaré", y porque ninguno de los dos hombres sabía firmar. Pero en aquellos tiempos la palabra dada valía mucho.

De todos modos, aquel día uno se convirtió en "acreedor" de aquel que le debía un cordero, y este se convirtió en "deudor" del primero por la misma razón.

Cuando la oveja se enfermó y se temió por su vida (y la del corderito), su dueño se convirtió en el primer "deudor dudoso" porque, por razones fuera de su voluntad, no sabía si podría cumplir en tiempo con su promesa. Dar crédito, aun a buenos deudores, siempre implica un riesgo.

CAPÍTULO II

LAS BASES

El valor

¿Cómo se llega a conocer el valor de una cosa? Si puedo canjear mi caballo por cuatro cochinos, sé que mi caballo "vale" cuatro cochinos. Pero esto no me dice qué es lo que vale mi caballo con respecto a todas las demás cosas. En otras palabras, si lo quiero canjear por pescados, por bolsas de choclos, por ropa, por cacerolas, o, actualmente, por una bicicleta, un televisor o una computadora, ¿qué recibiré a cambio de mi caballo? ¿Recibiré cuarenta y dos pescados, o dieciocho bolsas de choclos, o treinta cacerolas, o una bicicleta y media, o dos televisores, o tres cuartos de una computadora?

El "valor absoluto" de una cosa solo se conoce si se sabe cuánto vale esa cosa en relación con todas las demás. Es muy difícil saber exactamente cuánto vale algo.

Nuestro problema es que no podemos vender un pedazo de nuestro caballo, debemos venderlo enterito. Tampoco podemos comprar la mitad de un televisor, porque ninguna de las dos mitades funcionaría. Para colmo, no queremos comprar ninguna de las cosas nombradas más arriba. Detestamos el pescado asado y odiamos los choclos. En realidad, lo que queremos es irnos de viaje. Pero para poder hacerlo necesitamos comprar pasajes de tren, alquilar cuartos en varios hoteles y obtener comida en restaurantes.

Nuestro caballo es difícil de transportar, no quiere subir al tren. Y aunque lo pudiésemos llevar con nosotros, nadie nos lo aceptaría como pago. Si lo cambiásemos solo por pasajes de tren, estaríamos pagando por ellos más de lo que valen y no nos quedaría nada para hacer frente a nuestros otros gastos.

Conocer el valor de las cosas no es suficiente. Conocemos el valor de nuestro caballo y sin embargo no podemos salir de viaje, porque no lo podemos cambiar por todas las cosas que necesitamos para viajar. Habría que inventar algo con lo cual se pudiese comprar de todo y se pudiese vender lo que fuera.

El dinero

Siempre que se necesita algo, surge alguien que lo inventa. Era necesario inventar algo que sirviera para medir el valor de todas las cosas, y también para comprar y vender tanto los objetos y los animales grandes, como los muy chiquitos, sin necesidad de cortar a los grandes en pedacitos.

Por eso se creó el dinero. El dinero ha sido uno de los inventos más importantes de la humanidad. El dinero transformó el mundo. De buenas a primeras, todo se podía comprar y vender, porque pensando en términos de dinero se podía conocer de inmediato el valor de cada cosa en relación con las demás cosas. Además, ahora era posible vender un caballo por dinero, y usar el dinero para comprar un pasaje de tren, pagar cuartos de hotel, comprar comida en restaurantes, y reservar el resto para el regreso. O sea, se podía cambiar un caballo por un viaje, sin descuartizar al animal, ni llevarlo a cuestas.

El dinero sirve para medir el valor de las cosas de manera convencional y uniforme.

No todo el mundo usa el mismo dinero. Generalmente, cada país tiene su propio dinero, o sea, la moneda nacional (aunque, como veremos más adelante, algunos países utilizan más de una moneda).

El dinero que circula en el mundo está compuesto por todas las monedas de todos los países. A pesar de que, en nuestros días, la mayor parte de las monedas son emitidas en billetes, se llaman monedas porque originalmente el dinero se emitía solo en monedas de metal, principalmente de oro y plata. De ahí viene la expresión "pagar en dinero contante y sonante". Al pagar una compra (o una deuda, que también se puede reembolsar con dinero) se contaban las monedas y las mismas sonaban al caer las unas sobre las otras.

Hoy en día, la moneda que más se usa en el mundo es, todavía, el dólar estadounidense. Solo por esa razón, la emplearemos para nuestros comentarios y ejemplos sobre los usos del dinero.

Los precios

Todas las cosas que se compran y se venden tienen un precio. El precio es lo que vale algo en términos de dinero. A nadie se le ocurriría decir que un televisor vale veinte patos, ni que una bicicleta vale cincuenta kilos de azúcar. Los precios no se establecen en términos de patos ni en kilos de azúcar, sino en dinero. Esto facilita mucho el intercambio de los diversos bienes y productos. Un televisor valdrá doscientos dólares, un pato dos dólares, una bicicleta ciento cincuenta dólares y cada kilo de azúcar un dólar cincuenta. Por lo tanto, sabremos que vendiendo un televisor uno puede comprar una bicicleta y veinticinco patos, o que con lo obtenido por la venta de una bicicleta puede comprar ochenta kilos de azúcar y quince patos... ¡o cualquier otra cosa más interesante, cuyo precio no sea superior a ciento cincuenta dólares!

Cuando vamos a una tienda y vemos una camisa que nos gusta y quisiéramos comprar, le preguntamos a la vendedora: "¿Cuánto vale?".

Sabemos de antemano que no nos va a contestar: "Dos pares de zapatos" o "Tres botellas de vino", sino que nos va a dar un precio en dólares o en la moneda que se utilice en el país donde estemos. Así sabemos de inmediato si es barata o cara, y si tenemos suficiente dinero para comprarla. Si nos contestara en términos de zapatos o botellas de vino, no sabríamos absolutamente nada y saldríamos de la tienda rascándonos la cabeza.

Pero no son solamente las cosas materiales las que tienen un precio. Nuestro trabajo también tiene un precio, que se establece en términos de dinero. Ese es nuestro sueldo, nuestro honorario, o nuestra propina. Y, gracias al hecho de que ese trabajo es pagado en dinero, sabemos qué podemos comprar con lo que hemos ganado y si nos alcanzará para vivir, o sea, para comprar todo lo que necesitamos para subsistir.

El que vende un bien o un producto puede ponerle el precio que se le antoje, es decir, fijarle el precio que desea obtener por él, o el que cree que vale. Si el precio es razonable y el producto es bueno, logrará venderlo rápidamente. Sin embargo, si el precio es muy alto, o el producto es de poca calidad, tendrá dificultades para encontrar un comprador. En efecto, existe un precio "arbitrario", que es el precio al cual se "desea" vender, y un precio "real", que es aquel al cual se "puede" vender.

La oferta y la demanda

El precio "real" de algo no lo deciden ni el vendedor ni el comprador, sino que es el resultado de un acuerdo o compromiso entre ellos. El precio "real" es aquel al que se logra hacer una "operación de compra-venta". Cuando alguien da dinero a cambio de una cosa que necesita o desea tener, y otra persona le entrega esa cosa contra ese dinero, se dice que se hizo una operación de compra-venta, porque para el primero es una compra y para el segundo es una venta. Por eso no puede haber ninguna compra sin una venta. Si el vendedor y el comprador no logran ponerse de acuerdo, no habrá un precio real, solo habrá un precio arbitrario "comprador" y un precio arbitrario "vendedor". En otras palabras, el precio al cual el comprador desearía comprar y el precio al cual el vendedor desearía vender.

Si tengo una bicicleta que quiero vender y tengo tres compradores potenciales para ella, y los tres me ofrecen cada uno 75 dólares a cambio, ¿a quién se la venderé? ¿Al que hizo la primera oferta? ¿Al que me resulta más simpático? ¿Al cartero, porque la necesita para repartir el correo?

No, a ninguno de los tres. Si no tengo mucho apuro, esperaré un poco, y la venderé al primero que me ofrezca 80 dólares por ella en vez de 75. Tengo buenas probabilidades de obtener ese precio porque, por ahora, soy el único vendedor de una bicicleta de segunda mano en buen estado, y ya hay tres compradores para la misma. En otras palabras, hay más demanda que oferta y el precio de mi bicicleta debe subir. Si la situación fuera inversa, es decir, si yo fuese uno de tres vendedores, y hubiese un solo comprador que quiere una bicicleta, habría más oferta que demanda, y yo tendría que bajar el precio de la mía para tener mejores posibilidades de venderla. El hecho de que cuando hay más compradores que vendedores de algo el precio de ese algo tiende a subir, y cuando hay más vendedores que compradores el precio tiende a bajar, responde a "la ley de la oferta y la demanda".

Cuando hay muchos vendedores y muchos compradores para un producto, entre todos ellos forman un "mercado".

El mercado

Un mercado es el lugar donde los compradores y los vendedores se juntan para hacer operaciones de compra-venta.

Hay muchos tipos de mercados. Nosotros conocemos el mercado donde las amas de casa van a comprar verduras, frutas, carne, pescados, quesos, especies, dulces y chocolate.

Generalmente, todos los puestos que venden pollos están en un mismo lugar del mercado, todos los que venden pescados en otra, y así están ubicados también todos los demás puestos, por zonas, según el producto que venden. Esto les da a los compradores una mejor oportunidad de comparar los precios de un puesto con los precios de otro.

En los mercados, como en todas partes, los precios suben y bajan según la ley de la oferta y la demanda. Por eso, si en el mercado hay mucho pescado, y muchos puestos que lo venden, el comprador se verá favorecido, ya que podrá discutir su precio y quizás lograr que se lo rebajen. Podrá hacerlo porque los puestos que venden pescado "compiten" unos con otros.

Existen otros tipos de mercados, pero los mercados libres funcionan todos en la misma forma: en ellos los precios se fijan de acuerdo con la oferta y la demanda y según el grado de competencia que existe entre los vendedores y los compradores. Hay también mercados regulados en los que los precios máximos suelen ser impuestos por el gobierno. Desgraciadamente, estas medidas, tomadas para frenar la inflación e impedir la especulación, no siempre funcionan como sería deseable ya que tienden a provocar una escasez de oferta de ciertos productos y la lamentable formación de mercados negros.

La competencia

En un mercado, en general, los compradores son más numerosos que los vendedores. Por consiguiente, se podría pensar que, según la ley de la oferta y la demanda, los compradores están en desventaja y los precios tenderán a subir. Esto no es necesariamente cierto. Si bien puede haber menos puestos de venta que compradores, estos pueden estar abastecidos con demasiada mercadería, o sea, más de la que todos los clientes juntos podrían comprar. Por lo tanto, los precios responderán no solo al número de vendedores y compradores, sino también a la abundancia o la escasez de la mercadería que ellos quieren vender o comprar.

Los numerosos compradores que circulan en un mercado se benefician al poder comparar los precios ofrecidos por los distintos puestos de venta. Si la mercadería ofrecida es abundante, los dueños de los puestos competirán los unos con los otros para retener al cliente, y le ofrecerán rebajas.

La competitividad entre los vendedores es un medio de defensa para el consumidor o el comprador de productos.

Los mercados como el que acabamos de describir ofrecen esta clase de defensa a los clientes. El problema es que este tipo de mercados, con muchos puestos de venta, tiende a desaparecer y a ser reemplazado por los "supermercados".

Dentro de un supermercado no existe la competencia, ya que pertenece a una sola compañía. Es cierto que, por el enorme volumen de compras que hace el supermercado, a veces puede vender a precios inferiores a los que cobrarían los pequeños comerciantes en los puestos de venta de un mercado. La desventaja para el cliente que presenta el supermercado, sin embargo, es que allí no puede comparar los precios de un puesto con los de otro, ni discutir los precios ofrecidos, ni obtener rebajas.

Por suerte, a menudo existe más de un supermercado en cada barrio, y el cliente puede comparar los precios de un supermercado con los de otro. Cuando muchos clientes deciden cambiar de supermercado, el que los está perdiendo debe revisar sus precios. En otras palabras, una cierta competencia se mantiene aun a nivel de los supermercados.

Lo realmente malo ocurre cuando el consumidor no tiene elección, porque existe un solo supermercado o un único vendedor de un producto. Eso es un "monopolio", y en algunos países existen leyes que los prohíben.

El trabajo

En una economía debe haber productores y consumidores, así como vendedores y compradores que, en conjunto, forman mercados. A menudo se tiene la impresión de que siempre hay más consumidores que productores y más compradores que vendedores. Pero esto se debe a que pensamos en términos de mercaderías y nos olvidamos del trabajo.

El trabajo también es un producto que se vende.

Una de las razones de que tengamos la impresión de que hay más compradores que vendedores es que, para fabricar cosas complicadas, que necesitan de muchas partes y de mucho trabajo, algunos productores se juntan y forman compañías.

Cuando una compañía provee un producto al público, ella aparece como un vendedor único de ese producto frente a muchos compradores del mismo. Pero no es así, porque la compañía suele pertenecer a muchas personas o accionistas que, en realidad, son todos vendedores del producto, conjuntamente. Nosotros no lo notamos, porque venden el producto bajo un solo nombre: el de la compañía.

Otra razón por la que tenemos la impresión de que hay más compradores que vendedores es que la mayoría de nosotros somos empleados y solo vendemos nuestro trabajo. Entonces, parecemos ser únicamente compradores, cuando, en realidad, somos compradores de productos y vendedores de trabajo.

Los agricultores y las industrias (compañías que tienen fábricas) son consumidores de trabajo y productores de mercaderías.

CAPÍTULO III

CREACIÓN Y DISTRIBUCIÓN DE LA RIQUEZA

Casi todos los miembros de una sociedad producen y consumen. Pero siempre están aquellos que todavía no pueden producir y los que ya no pueden hacerlo; o sea, por un lado, los bebés y los niños, y por el otro lado, los enfermos y los ancianos jubilados.

Como el propósito principal de una economía es obtener el bienestar de toda la población de una región o de un país, los que producen deberán hacerlo no solo para ellos mismos, sino también para ayudar a los que, por alguna razón, no pueden producir. Es decir: la economía no solo debe producir riqueza, sino que también debe realizar una razonable distribución de ella, que permita la supervivencia y el bienestar de todos.

Algunos economistas creen que debe darse prioridad absoluta a la productividad, ya que si se logra aumentar la producción y la riqueza, su distribución ocurrirá espontánea y adecuadamente. Otros piensan que la prioridad debe darse a una justa distribución, independientemente de si existe o no algo para distribuir.

Los primeros suelen ser defensores del capitalismo, o sea, dan más importancia a la creación de riqueza y capital que a su equitativa distribución. Los segundos suelen ser defensores de alguna forma de socialismo: dan más importancia a la distribución de la riqueza que a su creación.

Capitalismo

El capitalismo es un sistema económico que defiende el derecho a, y el respeto de, la propiedad privada, el libre comercio y la libre competencia. Suele estar acompañado por una política de "laissez-faire", o sea, una intervención mínima de los gobiernos en la economía.

Por consiguiente, el sistema capitalista favorece, por ejemplo, el traspaso de la mayoría de las empresas del Estado a sociedades privadas.

Los partidarios de este sistema consideran que es el más adecuado para hacer crecer la economía en beneficio de todos los habitantes del país. Defienden la teoría de la "filtración". Esta sostiene que la riqueza, si bien, en una primera instancia, suele concentrarse en un grupo reducido de privilegiados, siempre termina por filtrarse hacia todos los niveles de la sociedad, incluso hacia los más pobres. Desgraciadamente, en la práctica, esta teoría no parece haber funcionado siempre en la forma deseada.

Dejando de lado el aspecto moral del problema y la acostumbrada referencia a la necesidad de una "justicia social", la buena distribución de la riqueza es primordial para el capitalismo por razones puramente prácticas. En efecto, para prosperar, este sistema necesita un constante aumento del consumo. La concentración de la riqueza suele producir el resultado opuesto, ya que, desafortunadamente, los muy ricos y los muy pobres, por razones distintas, son malos consumidores. Los pobres pueden comprarse un pantalón vaquero, una camisa, o nada. Los muy ricos pueden comprar cien mil trajes, pero no los necesitan y por ende no los adquieren. Tampoco compran diez mil y, probablemente, ni siquiera compran cien.

Consecuentemente, lo que el capitalismo necesita para florecer o sobrevivir es un fuerte crecimiento de la clase media, pues ella es la mejor consumidora.

Las economías capitalistas suelen conocer épocas de bonanza, rápido crecimiento y desarrollo, seguidas por otras de estancamiento, recesión y desempleo. Algunos consideran que estos ciclos son inevitables, por ser producto de leyes económicas naturales. Sin embargo, también hay quienes creen que más bien se deben a la naturaleza humana. En efecto, apenas florece la economía, los hombres pecan por exceso de optimismo, pierden el control sobre lo que hacen, especulan demasiado, gastan demasiado, se endeudan demasiado, y, sin querer, fomentan el ciclo siguiente, que es de crisis. Los ciclos económicos son la característica del capitalismo más criticada por los políticos socialistas.

Bienes y servicios

Cuando hablamos de producción pensamos en productos. Y cuando hablamos de productos pensamos en automóviles, televisores, alfombras, naranjas, costillas de cerdo, puentes, carreteras, barcos, cepillos de dientes u otros bienes materiales. Sin embargo, la producción incluye actividades que también se venden y se pagan y que, si bien no crean bienes que podemos ver o tocar, contribuyen a nuestro bienestar físico y mental. Se trata de los llamados "servicios". En la mayoría de los casos, los servicios nos permiten disfrutar de los bienes. Los médicos, los abogados, los banqueros, los plomeros, los barrenderos, venden sus servicios. Gracias a ellos (cuando son dignos) podemos gozar de buena salud, evitar ir injustamente a la cárcel, mantener nuestras casas libres de inundaciones y caminar por calles limpias. ¿De qué nos sirve tener un automóvil de lujo, si estamos postrados en la cama con una enfermedad crónica? ¿Para qué nos sirve tener un casa bonita y confortable, si estamos encerrados en una celda por un delito que no hemos cometido? ¿Qué sentido tiene vivir en un barrio elegante, si sus calles están sucias y malolientes?

Aun en los regímenes capitalistas, el Estado toma a su cargo los servicios públicos básicos, como los relacionados con la salud, la enseñanza, la seguridad, el fondo de pensiones, el alumbrado, la limpieza de las calles, etc. Sin embargo, en los últimos tiempos, en muchos países se percibe una tendencia a transferir algunos de estos servicios a empresas privadas.

El producto bruto interno

El conjunto de todo lo que produce un país es el "producto bruto interno". Se obtiene mediante un cálculo sofisticado (y a veces equivocado) del total de bienes y servicios producidos en un país durante un período determinado (generalmente, un año). Habitualmente es designado por la sigla PBI.

Para los no economistas, la sigla PBI suele resultar frustrante, porque la encontramos por todos lados y no sabemos lo que significa. Cuando se nos dice que la sigla designa al "producto bruto interno", seguimos sin saber de qué se trata.

A veces, para mayor confusión, los economistas se refieren al "producto nacional bruto (PNB)" en vez de al "producto bruto interno". El lector no tiene por qué preocuparse demasiado por ello. Las dos denominaciones se refieren a nociones muy similares. La mayor diferencia consiste en que en el PBI está incluido todo lo producido dentro del país, incluso por extranjeros, mientras que el PNB toma en cuenta todo lo producido por los ciudadanos de un país, incluso por aquellos que residen en el exterior.

A menudo, el progreso o el deterioro de la economía de un país es medido por el crecimiento (o la disminución) del PBI o del PNB.

El valor agregado

La Tierra ya era rica antes de que existieran los seres humanos. Si bien no se encontraban los productos fabricados por estos, las materias primas ya existían.

Había sal en las salinas y en el mar, metales en las rocas, carbón en el subsuelo y lana sobre la piel de las ovejas. Las materias primas son los productos que nos provee la naturaleza y que todavía no han sido trabajados, limpiados, mezclados, o transformados por el hombre.

Las materias primas tienen precios, porque le ponemos un precio a todo lo que necesitamos o utilizamos.

Aun cuando todavía se encuentran en su estado original, la obtención de materias primas involucra trabajo, porque, para poder usarlas, tenemos que sacarlas de la mina, del mar, del bosque o de donde sea que estén, para traerlas a donde las queremos tener: en depósitos, en fábricas, en barcos, o en los tesoros o las cajas fuertes de los bancos.

Ese trabajo de extraer las materias primas de donde se encuentran, y después transportarlas, ya les confiere un "valor agregado". Por consiguiente, el precio del oro en la mina no es el mismo que el precio de ese metal ya extraído de la mina, ni es el mismo que el del oro ya transportado a una fábrica de lingotes. El precio del oro en la fábrica es igual al del oro en la mina, más el precio del trabajo de los mineros que lo extrajeron de la mina, más el costo de su transporte hasta la fábrica. De esto se deduce que el precio del oro, ya transformado en lingotes, será aún mayor; y ni hablemos del precio del oro trabajado por artesanos y convertido en preciosas joyas.

Lo mismo es cierto para la lana. Es difícil saber cuánto vale exactamente cuando todavía la viste la oveja. La lana se vende por kilo, y mientras la oveja no ha sido esquilada no hay manera de saber cuánto pesa la oveja sin lana, y cuánto pesa su lana sin la oveja. Lo que sí puede decirse, sin miedo a equivocarse, es que la lana separada de la oveja vale más que la lana sobre el lomo de esta, porque la esquila le da su primer "valor agregado".

Después la lana es lavada, cardada, peinada, tejida, coloreada y convertida, de un sobretodo natural para oveja, en –por ejemplo– un sobretodo manufacturado para un hombre, una mujer o un niño. En cada etapa de este proceso, la lana va adquiriendo un "valor agregado" y su precio va aumentando por el costo de los productos que se le agregan, así como por el trabajo y el tiempo que dedican los trabajadores a su transformación.

Los impuestos

En la mayoría de los países, algunos servicios públicos de primera necesidad son provistos y organizados por el Estado. Estos pueden incluir la construcción de carreteras, la atención hospitalaria para los pobres, el mantenimiento del ejército y de las fuerzas policiales, y algunos servicios para los ancianos.

Sean muchos o pocos los servicios asumidos por el Estado, este necesita dinero para pagarlos. Los impuestos suelen ser la fuente principal de dinero para un gobierno. Se llaman "impuestos" porque, si bien todo el mundo parece estar de acuerdo en que la sociedad debe soportar el costo de los servicios públicos, nadie parece estar de acuerdo sobre quiénes son los miembros o sectores de la sociedad que deben pagarlos, y, a falta de voluntarios, no hay más remedio que "imponerlos".

En general, todos los que pagan impuestos se quejan amargamente de tener que hacerlo. Los que más se quejan suelen ser los más afortunados, o sea, los que gozan de buena salud, ganan un buen sueldo y viven en un país donde la seguridad es buena y la vida fácil. Suelen olvidar que mañana serán viejos, quizás enfermos, que pueden perder su empleo y quedar desocupados, o que si no son asaltados en la calle es porque existe una policía eficiente, y que, si el país no está en guerra, es gracias a que tiene un ejército bien entrenado y equipado.

Hay muchos tipos de impuestos. El "impuesto a la renta" se paga sobre los sueldos o las ganancias que cada persona obtiene; en principio, el que gana mucho debería pagar mucho, el que gana poco debería pagar poco, y el que no gana nada, no pagar nada.

También existe un impuesto a la ventas, que en la mayoría de los países se llama IVA (impuesto al valor agregado). Se llama "al valor agregado" porque se cobra sobre la primera venta de un producto, y cuando el mismo se vuelve a vender, se cobra solo sobre el eventual valor agregado al producto original.

El ganadero que vende la lana de sus ovejas pagará el IVA sobre la materia prima vendida. El que la compró y la hizo lavar, cardar y peinar, al vender la lana a una fábrica de tejidos, solo pagará el IVA sobre la diferencia entre el precio al cual la compró y el precio al cual la vende (que representa el valor que le agregó a la lana al haberla lavado, cardado y peinado). A su vez, cuando la fábrica vende las telas confeccionadas con esa lana, pagará el IVA sobre el valor de la tela vendida, deduciendo del mismo el precio pagado por la lana.

Finalmente existen impuestos directos al usuario. El "peaje", por ejemplo, se paga cuando se utiliza una nueva carretera o puente, y sirve para cubrir el costo que tuvo su construcción o que tiene su mantenimiento.

El mercadeo ("marketing")

A medida que la raza humana descubre y aprende, sus conocimientos se multiplican más rápido que la capacidad de su mente. Nadie puede saberlo todo, ni almacenar casi infinitos conocimientos en su cerebro. Para eso fueron inventadas las computadoras. Esto significa que cada día hay más especialistas y menos generalistas. Estos últimos son los que sirven de intérpretes entre diferentes tipos de especialistas. El peligro está en que cuando no haya suficientes generalistas, ya nadie entienda a nadie.

Como tantas otras actividades, el mercadeo se ha convertido en una especialización. Algunas personas todavía recuerdan el tiempo en que la palabra no existía. Lo cual no significa que no se practicaban ya las actividades que define, es decir, todas las que son dedicadas a promover las ventas. Desde el inicio del trueque y el comercio, los hombres trataron de vender a otros lo que producían pero no consumían, así que esta actividad de promoción de ventas existe desde muchísimo tiempo atrás. La diferencia reside en que en ese entonces se practicaba de manera espontánea e improvisada. Hoy se trata de una actividad organizada y altamente sofisticada. Se incluyen en el concepto de mercadeo, entre otros: el estudio o análisis de la dimensión y las tendencias del mercado, las estrategias para incrementar las ventas, la promoción mediante contactos con los clientes potenciales y la publicidad o comunicación masiva con los consumidores.

El capitalismo le dio un impulso adicional al mercadeo. Los estudios de mercado originalmente estaban destinados a determinar lo que la gente necesitaba, con el propósito de producirlo. Hoy estos estudios están destinados más bien a determinar lo que se puede vender, lo necesite la gente o no. En realidad, venderle a alguien lo que precisa es fácil. Un mercadeo más sofisticado consiste en venderle lo que no precisa, haciéndole creer que le es indispensable.

La "masificación" de la producción

El mercadeo es probablemente el mayor responsable por la "masificación" de la producción, y por el hecho de que, como consecuencia de ella, haya sectores del mercado que se encuentran extrañamente desabastecidos.

Ocurre que a los especialistas en mercadeo lo que les interesa es promocionar productos que pueden fabricarse y venderse masivamente al público en general, y no les preocupa satisfacer la demanda de pequeños grupos de consumidores por productos hechos a la medida o al gusto de sus integrantes.

Es así como, por ejemplo, ya no se producen aparatos de radio con una grabadora incorporada que se puede programar para que se prenda a una hora determinada y grabe un concierto, mientras su dueño (aficionado a la música clásica) se encuentra trabajando en su oficina. Y esto, no porque no haya más clientes interesados en el producto, sino porque se estima que no son lo suficientemente numerosos para justificar la fabricación de ese producto o para que su venta genere suficientes utilidades. Del mismo modo, miles de excelentes libros quedan sin publicar porque los departamentos de mercadeo de las editoriales juzgan que no contienen suficiente sexo y violencia como para interesar a la mayoría de los lectores. Ya no son los editores los que deciden la publicación de un libro, sino sus especialistas en mercadeo, y estos los rechazan cuando estiman que no se podrá vender por lo menos diez mil ejemplares de cada título. Desafortunadamente, estos especialistas, como todos nosotros, a veces se equivocan. Por suerte para ellos, sus errores solo se descubren con relación a libros publicados, pero nunca salen a luz con respecto a libros que no han sido editados.

CAPÍTULO IV

EL COMERCIO INTERNACIONAL

Cualquier intercambio de bienes y productos, con dinero o sin dinero, con crédito o sin crédito, es comercio. Se puede comerciar con el vecino, o con cualquier persona en la misma ciudad o en otras ciudades del país. Pero también se pueden hacer operaciones comerciales con otros países. Eso es el comercio internacional. Todas las ventas que hacemos al exterior son exportaciones y todas las compras que hacemos en el exterior son importaciones. Nosotros las llamamos así, pero para otros países, nuestras exportaciones son importaciones (porque son productos que ellos nos compran), y nuestras importaciones son exportaciones (porque son productos que ellos nos venden). O sea, toda exportación es también (para la otra parte) una importación, y viceversa. Por eso, la suma de todas las exportaciones del mundo es siempre igual a la suma de todas las importaciones.

Ningún país lo tiene todo, o tiene de todo. De ahí la necesidad de participar en el comercio internacional. Las naciones exportan lo que les sobra para poder importar lo que les falta.

Existen países que tienen más materias primas que las que pueden utilizar, y las venden a países que no las tienen. Otros países se especializan en la fabricación de televisores, autos o relojes, y los venden al exterior para poder pagar las materias primas y las máquinas que necesitan importar para producirlos. Suiza no tiene oro, plata, ni acero, pero fabrica relojes de oro, plata y acero. Los únicos ingredientes nacionales que Suiza pone en sus relojes son el trabajo y el ingenio de su gente y su... tiempo (que evidentemente es muy importante en un reloj).

Las operaciones de comercio internacional ya casi nunca se realizan bajo la forma de trueques, sino mediante el pago de las mercaderías con dinero. Es decir, no se vende petróleo, trigo o carne contra un pago en computadoras, relojes o automóviles, sino contra una transferencia de dinero del país importador al país exportador. Si un país exporta más de lo que importa, tendrá un sobrante de dinero. Si, por el contrario, importa más de lo que exporta, le faltará dinero, y necesitará recurrir al crédito o a sus fondos de reserva.

Cuando a un país le sobra dinero como consecuencia de sus operaciones comerciales internacionales, se dice que tiene un "balance comercial favorable (o excedente)", y del país al que le falta dinero, por la misma razón, se dice que tiene un "balance comercial desfavorable (o deficitario)".

Comercio libre y comercio controlado

Algunos gobiernos favorecen las exportaciones y restringen las importaciones para mejorar su balance comercial.

Sin embargo, un país que solo exporta perjudica al comercio internacional, porque, al no importar, acumula dinero que no se redistribuye, y pronto otros países no tienen con qué comprarle, y el comercio se paraliza. Por otra parte, un país que solo importa agota sus reservas de dinero y debe pedirlo prestado, o comprar mercadería a crédito, hasta que nadie le quiera prestar o vender, y el comercio también se paraliza. Lo ideal es que exista y se desarrolle el comercio entre países en ambas direcciones. Partiendo de este punto de vista, países de varios continentes formaron una asociación llamada "Organización Mundial del Comercio". Esta organización trata de convencer a todos de que el comercio totalmente libre y sin restricciones es la mejor solución tanto para países ricos como para naciones pobres, y busca la forma de poner a todos de acuerdo (tarea harto difícil) sobre cómo lograr este objetivo.

En general, son los países con gobiernos de tendencia liberal los que defienden más vehementemente el comercio internacional sin trabas, mientras que algunos países que tienen gobiernos autoritarios o atraviesan situaciones económicas difíciles siguen regulando su comercio exterior mediante el otorgamiento de condiciones preferenciales a sus exportadores y prohibiendo o dificultando cierto tipo de importaciones que consideran prescindibles.

Las exportaciones

Fuera de las medidas tomadas y las reglamentaciones emitidas por los gobiernos, hay muchos otros factores que inciden en el éxito o el fracaso de las exportaciones.

Es ventajoso para un país disponer de muchas materias primas. Pero no es suficiente tenerlas: es necesario que sean abundantes y de fácil acceso. Una mina de oro puede contener un alto o bajo porcentaje de metal precioso, y estar localizada en una zona cercana a la capital, o perdida en lo más profundo de una selva tropical. Sacar el oro del suelo y depurarlo es más fácil y más barato si proviene de una mina muy rica y muy cercana. Por consiguiente, el oro así extraído podrá ser exportado a precios razonables, en lingotes o convertido en joyas. En otras palabras, un país cuyo subsuelo es rico en minerales tiene una ventaja competitiva frente a países que no disponen de tal riqueza natural. Es cierto que el precio de los metales puede variar fuertemente según la oferta y la demanda internacionales, que a su vez dependen de la buena o mala salud de las economías de países que son compradores potenciales, o de las revoluciones y las guerras en las cuales estas naciones pueden verse involucradas. Pero, por lo menos, los metales que están bajo tierra siguen ahí, pase lo que pase.

El buen clima también puede favorecer a un país. Eso es particularmente cierto para los que producen granos, crían ganado o poseen actividad pesquera. Ciertos países de América Latina son grandes exportadores de cereales (trigo, maíz, soja, etc.), carne (principalmente vacuna), lana, cuero, pescados frescos o procesados, y mariscos (langostinos, camarones, langostas, cangrejos, etc.). Sin embargo, estas exportaciones están sujetas a vaivenes (a veces, desastres) climatológicos o ecológicos. Inundaciones, sequías, incendios, temblores de tierra, calentamiento o enfriamiento de las corrientes submarinas (fenómeno de El Niño) son situaciones casi siempre imprevisibles y pueden afectar negativamente las exportaciones de los países que las sufren.

Tener mano de obra barata (o sea, trabajadores que cobran poco dinero) también facilita la fabricación y la exportación de ciertos productos. Como no hay mal que por bien no venga, en general son los países pobres los que tienen un amplio sector de su población dispuesto a trabajar por sueldos bajos o mínimos.

Sin embargo, esto representa una ventaja solo para la fabricación de productos artesanales, o especiales, que necesitan ser manipulados por seres humanos en lugar de máquinas. Por desgracia, se producen cada vez más objetos en serie (sean estos muñecos o hamburguesas), y para su fabricación generalmente se utilizan máquinas y robots en vez de trabajadores.

Para que puedan exportar sus productos, es importante que las fábricas de un país dispongan de las maquinarias más modernas y de una tecnología de punta (o sea, la más reciente y evolucionada) en lo que se refiere a sus métodos de producción. Si tienen maquinaria anticuada y en mal estado y utilizan técnicas de fabricación perimidas, no podrán producir nada a un costo lo suficientemente bajo para poder competir con las fábricas de otros países que manufacturan los mismos productos, y en general esto es así aun cuando obtienen materia prima barata o pagan sueldos de miseria. Lo malo es que los países pobres, que son los que más necesitan exportar, son también los que tienen la mayor necesidad de modernizar sus fábricas, pero no cuentan con los fondos requeridos para importar las máquinas necesarias para llevar adelante esa modernización.

Finalmente, independientemente de lo que precede, es a menudo el tipo de cambio lo que más afecta a las exportaciones e importaciones, y es determinante en cuanto a las reales posibilidades de que estos negocios tengan lugar.

Exportaciones tradicionales y no tradicionales

Existen dos tipos de exportaciones: las que un país hace siempre y las que hace solo de vez en cuando. Las primeras se llaman "exportaciones tradicionales" y las segundas, "exportaciones no tradicionales".

Para Arabia Saudita, el petróleo es una exportación tradicional. Para Chile lo es el cobre. Para Argentina, el trigo y la carne. Para Japón, los automóviles, y para Suiza, como hemos visto, los relojes. Son materias primas y productos fabricados que venden al exterior año tras año, con regularidad y sin interrupción.

Tener un solo producto, o muy pocos productos, para exportar, es peligroso. Si, por alguna razón, llega a haber demasiado de esos productos en el mundo, su precio bajará (por la ley de la oferta y la demanda), y el país que los produce y los exporta no recibirá suficiente dinero para poder pagar lo que compra en el exterior, y tendrá un balance comercial desfavorable. Por esta razón, los países siempre tratan de agregar nuevos productos a la lista de los que venden al exterior. Desgraciadamente, si estas nuevas exportaciones –por motivos inherentes al país que exporta– solo logran hacerse de vez en cuando (o sea, siguen siendo "no tradicionales"), los compradores del exterior probablemente no quedarán satisfechos por la irregularidad de las entregas y decidirán surtirse en otro lado.

Si un estudiante compra tres cuadernos en una papelería, y le dice al dueño que necesitará otros tres cada semana, le caerá muy mal que este último le conteste que no sabe si tendrá cuadernos la semana entrante. Por eso, si la papelería de enfrente le asegura al estudiante que siempre tendrá cuadernos, este irá a comprarlos allí.

Lo mismo pasa con las exportaciones. Más que promover las exportaciones no tradicionales, un país debe tratar de convertirlas en tradicionales. Eso es lo que hizo Chile, por ejemplo, con las exportaciones de frutas y las de salmón, que no eran habituales, pero que hoy se efectúan con toda regularidad y por lo tanto se convirtieron en exportaciones "tradicionales".

Las importaciones

En una nación donde la importación es libre y donde la aduana no cobra "recargos" a los importadores sobre las mercaderías compradas en el exterior (lo que encarece los productos importados), es probable que se traerá de otros países todo lo que no se produce localmente y también todo lo que sí se produce localmente pero se consigue más barato fuera de las fronteras. Como todas las cosas, la libre importación tiene sus ventajas y sus desventajas.

Entre las ventajas se puede resaltar que favorece al consumidor, que, gracias a la competencia entre los fabricantes locales y los del exterior, y la consecuente mayor oferta de productos, obtiene mercaderías más diversas y más baratas. A veces, un vino importado puede comprarse a menor precio que uno producido en el país y ser además de mejor calidad. Asimismo, el consumidor que tenga suficiente dinero para permitírselo, en una economía abierta a las importaciones encontrará y podrá comprar cualquier artículo, por más lujoso o exótico que sea. Además, se argumenta que, ante este tipo de regímenes aduaneros, las industrias locales se ven obligadas a modernizarse y mejorar la calidad de sus productos para poder competir con las mismas industrias de otros países.

Como desventajas, se sostiene que una política de libre importación deja sin protección a las industrias nacionales, cuyos dueños suelen no tener suficientes recursos para comprar la maquinaria nueva que les hace falta para competir con las grandes empresas del exterior. Las empresas de estos industriales suelen quebrar y, al hacerlo, se ven obligadas a despedir a sus trabajadores, lo cual aumenta el número de desempleados, lo que a su vez disminuye el consumo y frecuentemente provoca recesión (que como veremos más adelante es una de las enfermedades de la economía). Finalmente, cuando un país no logra realizar suficientes exportaciones para compensar el costo de las importaciones, su balance comercial se vuelve rápidamente negativo (deficitario) y se ve obligado a recurrir al crédito y a endeudarse con el exterior.

Por otra parte, cuando las importaciones son controladas, o sea que son trabadas por reglamentaciones y recargos, también se producen problemas e inconvenientes. Por ejemplo, no se pueden incrementar las ventas al exterior si las empresas que quieren exportar no pueden importar las máquinas o materias primas que necesitan para producir las mercaderías que desean ofrecer a otros países. Los suizos no podrían exportar cigarros de primera calidad si no les dejaran importar tabaco, ya que este no crece en los alrededores de Zurich o Ginebra. Tampoco los belgas podrían exportar chocolates si no los dejaran importar cacao, ya que no existen plantaciones de esos árboles en su país. Una fábrica de México, a pesar de contar con mano de obra barata, no podría competir con una fábrica del mismo producto de Estados Unidos, si no le autorizaran a importar máquinas modernas, como aquellas con las que cuenta la industria estadounidense.

Un país pobre probablemente no debería importar de todo. Existen productos de lujo de los que se puede prescindir. Pero incluso un país pobre no puede dejar de importar si quiere progresar. Por supuesto, será mejor que importe dentro de sus posibilidades económicas reales, ya que para un país –así como para un individuo– lo mejor es gastar de acuerdo con los ingresos que se poseen. Para el comercio internacional, como para todas las cosas, lo ideal es buscar un punto de equilibrio.

El tipo de cambio

Solemos expresar el valor (precio real) de todos los productos en moneda nacional, o sea con relación a "nuestro dinero". Pero resulta que nuestro dinero no es el mismo que el de otros países. Si deseamos saber cuánto valen en el exterior los bienes que producimos, debemos saber primero cuánto vale nuestro dinero con relación a las monedas de otros países. Esa relación se expresa bajo la forma de un tipo de cambio que representa el precio de nuestro dinero en el exterior.

El tipo de cambio puede fijarse de dos maneras. En una economía dirigida lo fija el gobierno por intermedio del Banco Central. En una economía libre lo fija el mercado de cambio, que, como todo mercado, está sujeto a la ley de la oferta y la demanda.

Cuando el gobierno establece el tipo de cambio, este puede no corresponder al valor real de nuestra moneda.

En esos casos pueden existir dos mercados de cambio: el "oficial", en el cual la moneda nacional se cotiza al tipo de cambio fijado por el Banco Central, y el "paralelo" (cuando es legal) o "negro" (cuando es ilegal), donde la moneda nacional se cotiza de acuerdo con la oferta y la demanda.

Cuando el gobierno cree necesario disminuir el valor aparente de la moneda, fija para esta un nuevo tipo de cambio más bajo. Eso es "devaluar" la moneda. Cuando, por el contrario, quiere aumentar el valor aparente de la moneda nacional, establece para esta un nuevo tipo de cambio más alto. Eso es "revaluar" la moneda.

En una economía libre, nadie devalúa ni revalúa la moneda nacional. Esta se devalúa o se revalúa sola, según si existe un exceso de demanda o de oferta de monedas extranjeras.

Un tipo de cambio bajo (o sea, cuando nuestro dinero vale menos de lo que debería valer) favorece las exportaciones porque nuestros productos se venden al exterior por una cantidad menor de moneda extranjera. Es decir, nuestros productos resultan más baratos en el exterior. Un tipo de cambio alto (o sea, cuando nuestro dinero vale más de lo que debería valer) favorece las importaciones porque los productos fabricados en el exterior nos parecen baratos cuando convertimos su precio en moneda extranjera a nuestra moneda.

El dólar

Cuando uno habla de *tipo de cambio* (en singular), en general se refiere al precio de la moneda nacional contra el dólar.

La suba o la baja del tipo de cambio depende de dos cosas: el eventual aumento o disminución del valor de nuestra moneda, y el eventual aumento o disminución del valor del dólar. ¿Cómo podemos saber si una devaluación se debe a la pérdida de valor de nuestro dinero o al aumento del valor del dólar? Si nuestro dinero pierde valor contra el dólar pero no lo hace frente a las demás monedas, quiere decir que el dólar se ha valorizado. Si por el contrario nuestro dinero pierde valor contra todas –o la mayoría– de las monedas, quiere decir que nuestra moneda se ha devaluado. En realidad, una devaluación puede deberse a cualquiera de las dos situaciones, o a las dos a la vez.

Es cierto que nuestra moneda no tiene por qué medirse solo con relación al dólar, ya que existen cientos de otras divisas. Pero establecer su valor contra todas las demás monedas sería engorroso y también inútil, ya que no tenemos intercambios con todos los países del mundo.

Por ser la moneda del país hasta ahora económicamente más poderoso y que tiene los mayores intercambios comerciales con el resto del mundo, el dólar sigue siendo considerado hoy la mejor divisa para medir el valor de todas las demás monedas. Por consiguiente, para conocer el valor de nuestra moneda con relación a cualquier otra, basta con saber el valor de ambas con respecto al dólar. De esta manera se pueden establecer todos los tipos de cambio. Habitualmente, se establecen solo los tipos de cambio para las monedas de los países con los cuales se mantiene más intercambio. El dólar se ha convertido en una verdadera moneda internacional. Muchos países que han tenido economías inestables y han sufrido inflación, hiperinflación y sucesivas devaluaciones de sus monedas han tenido que recurrir al dólar como punto de referencia. Los precios en dinero local de los bienes y los servicios se ajustan con relación a la fluctuación del tipo de cambio de la moneda local contra el dólar.

Ciertos países han llegado incluso a utilizar el dólar no solo para sus operaciones con el exterior sino también para sus operaciones domésticas. O sea, han "dolarizado" sus economías.

CAPÍTULO V

ENFERMEDADES DE LA ECONOMÍA

Como los seres humanos, las economías a veces se enferman. Lo mismo que para las personas, lo mejor sería aplicarles medicina preventiva. Desgraciadamente, sus enfermedades no siempre se detectan a tiempo y necesitan entonces de medidas drásticas y a menudo dolorosas para enfrentar el problema.

Entre las enfermedades más graves y temidas que atacan a las economías están: la inflación, la devaluación, la recesión, la deflación y el desempleo. Aunque muchos ignoran su origen, su razón de ser o sus principales características y efectos, todos las padecemos en algún momento.

Además de las enfermedades económicas citadas, existen muchas otras que se derivan o son consecuencia de estas, ya que, en las economías débiles o debilitadas por la fiebre o la parálisis, también pierde fuerza el sistema inmunológico. Las causas de una enfermedad económica pueden ser evidentes, pero el remedio no. Por otra parte, las medicinas que se recetan a menudo tienen efectos secundarios, y el remedio resulta a veces peor que la enfermedad.

Lo que complica más el problema es que, con frecuencia, las enfermedades económicas son provocadas, más que por problemas económicos, por acontecimientos políticos, sociológicos, meteorológicos, o por reacciones psicológicas del público. Una campaña electoral, un golpe de Estado, una revolución, una guerra civil, pueden paralizar un país y frenar todas sus actividades económicas. A su vez, una desconfianza generalizada hacia el gobierno (justificada o no), un pesimismo o un optimismo exagerados, un nerviosismo basado en rumores infundados, sentimientos patrióticos o nacionalistas y fanatismos religiosos, pueden tener una influencia positiva o negativa sobre la economía, provocando un auge o una depresión de la misma.

A veces se aplican remedios que ya han demostrado su poca efectividad en el pasado. Otras veces, se recurre a un remedio solo porque está de moda y, para colmo, se aplica a todos los países por igual, sin adaptar la dosis, ni la frecuencia de su aplicación, a la condición específica de la economía enferma o a la intensidad de su mal.

Medidas opuestas pueden resultar eficaces en distintos países para controlar o mitigar los efectos de las mismas enfermedades económicas. Es así como, en Estados Unidos, el banco de la Reserva Federal suele aumentar las tasas de interés para frenar un proceso inflacionario, mientras que en algunos países latinoamericanos las autoridades monetarias tienden a mantener intereses bajos para evitar que tasas más altas agreguen un factor más al costo de producción de las empresas que necesitan recurrir al crédito para financiar sus operaciones. Lo curioso es que ambas políticas a veces resultan adecuadas en vista, sobre todo, de una actitud psicológica de la población de los países involucrados. En Estados Unidos, los comerciantes e industriales, frente a un aumento de las tasas de interés, reducen su utilización del crédito porque piensan que el alza es transitoria y que las tasas volverán pronto a su nivel habitual. En ciertos países en vías de desarrollo (que han padecido de hiperinflación), por el contrario, la demanda de crédito puede incrementarse, porque los clientes suelen pensar que las tasas de interés seguirán subiendo.

En Estados Unidos, la política monetaria tendiente a incrementar las tasas de interés para contener la inflación y bajarlas para reactivar la economía cuando se entra en un período de recesión, ha sido frecuentemente eficaz. Sin embargo, uno se pregunta qué pasaría si ese país padeciera de "stagflation" –o sea, estancamiento con inflación–. Evidentemente, su política monetaria ya no podría funcionar, porque es imposible bajar y subir las tasas de interés simultáneamente.

La inflación

Hay inflación cuando la gente empieza a medir el dinero por lo que puede comprar en vez de medir las cosas por el dinero que cuestan.

Un exceso de dinero o una escasez de productos causan inflación. Tanto el exceso de dinero como la escasez de productos aumentan la demanda por ellos. Se manifiesta la ley de la oferta y la demanda. Y de esta manera se incrementa la cantidad de dinero necesaria para comprar las mismas cosas.

Un exceso de dinero (liquidez) puede deberse a que el gobierno imprime demasiados billetes, los bancos conceden demasiados créditos, o se reciben demasiados fondos provenientes del exterior (inversión extranjera). Cuando un país está de moda, todo el mundo quiere invertir en él. Eso le pasó en una época a Suiza, y los bancos de ese país tuvieron que imponer intereses "negativos" a sus depositantes del exterior. O sea, en vez de que los bancos les pagaran intereses a sus clientes por el dinero que mantenían con ellos, les cobraban intereses sobre los fondos depositados.

Una escasez de productos puede ser causada por industrias ineficientes, maquinarias obsoletas, trabajadores mal entrenados o poco motivados, huelgas, guerras civiles o desastres naturales, todos los cuales provocan una disminución de la productividad. También puede crear escasez la prohibición de importar ciertos productos o la excesiva exportación de otros.

La inflación es difícil de controlar. Se asemeja a una bola de nieve que rueda por una pendiente. El aumento de los precios de productos y servicios crea demanda por mejores salarios, cuyo incremento, a su vez, repercute sobre los costos de producción y, por ende, sobre el precio de los productos. Es un círculo vicioso. Cuando no se logra controlar, la inflación puede convertirse en hiperinflación.

Como a los comerciantes no les gusta incrementar los precios al consumidor, primero las compañías productoras o comercializadoras tratan de disimular los aumentos reduciendo la cantidad o el tamaño de los productos ofrecidos (al mismo precio). Por eso, cuando recién comienza, el proceso inflacionario puede pasar desapercibido. Sin embargo, cuando un rollo de papel higiénico comprado hoy tiene menos hojas que el mismo rollo comprado un mes atrás, o cuando la calidad del papel es inferior a la que la marca acostumbraba ofrecer, y los precios son los mismos, existe un signo de inflación que cualquier persona observadora puede detectar fácilmente.

Aunque se publican estadísticas oficiales sobre la inflación, estas no son siempre confiables. Habría que analizar cuáles son los productos que se incluyen en el cálculo estadístico y cuáles no lo son. Si el aumento de los alquileres o de los precios inmobiliarios no está incluido, ni lo está el precio del combustible, las estadísticas gubernamentales tendrán poco valor. El mejor barómetro para la inflación sigue siendo el supermercado y el mejor juez, el ama de casa.

La devaluación

Mucha gente se pregunta por qué una fuerte inflación suele ser seguida por una devaluación (y viceversa). La respuesta podría ser elaborada pero, en realidad, es de una sorprendente simplicidad: la inflación y la devaluación son dos aspectos de un mismo fenómeno. En otras palabras, la inflación es la pérdida de poder adquisitivo de una moneda en el país que la emite, mientras que la devaluación es la pérdida de poder adquisitivo de la misma moneda en el exterior. Y es difícil que una moneda pierda valor dentro del país sin perderlo también afuera. Por lo tanto, si bien la inflación y la devaluación no se producen siempre en forma simultánea, en general, siendo hermanas, se siguen de cerca.

Cuando nuestra moneda se devalúa y viajamos al exterior, los precios en dólares de las camisas, de los chocolates, de los discos, de los relojes, de los quesos o de los whiskies que queremos comprar pueden ser iguales a los del año pasado, pero, de repente, traducidos a nuestra moneda, resultan exorbitantes y están fuera de nuestro alcance. No es necesario ser adivinos para entender que no son estos productos los que están más caros, sino que son nuestros billetes y nuestra moneda los que valen menos.

Pronto hacemos comparaciones, e inevitablemente, por más culpables que esto nos haga sentir, empiezan a gustarnos más las monedas extranjeras que la nuestra.

Los que viven en un país donde se pueden comprar divisas libremente en el mercado de cambio constatarán que, cuando hay más demanda que oferta de estas, su precio sube, o sea, la moneda nacional se devalúa.

En países que tienen una economía dirigida, el Banco Central, para defender la moneda del país, puede vender dólares a un tipo de cambio fijo. En ese caso, la devaluación no se produce de inmediato, pues es demorada artificialmente. Pero las leyes naturales de la economía siempre terminan por imponerse. Se puede construir un dique para contener un río, pero si no se le da salida las lluvias torrenciales harán subir tanto las aguas que vencerán la resistencia de la construcción; también pueden construirse edificios antisísmicos, pero la fuerza de un terremoto a veces supera las previsiones de los arquitectos. Tratar de impedir la devaluación de una moneda sobrevaluada es casi tan absurdo como tratar de prohibir por decreto la erupción de un volcán.

El Banco Central solo puede defender la moneda mientras tiene reservas suficientes en divisas; cuando estas se acaban, no le queda más remedio que devaluar.

Entretanto, los que compraron dólares u otra moneda extranjera a una tasa de cambio artificialmente baja, habrán hecho un gran negocio a costa del Estado.

Parece que sir Winston Churchill dijo una vez que existían solo tres tipos de decisiones relacionadas con la economía: "Las buenas, las malas y las inevitables". La devaluación cae casi siempre en la última definición, porque a ningún ministro de Economía le agrada tener que devaluar. En efecto, a pesar de que una devaluación podría tomarse como un simple ajuste técnico, en realidad siempre se considera un factor negativo en el análisis de la economía de un determinado país.

Cuando nuestra moneda se devalúa, todos los productos importados se vuelven más caros. Un auto nuevo puede volverse prohibitivo y, si no los producimos en el país, suele pasar lo mismo con los televisores, las computadoras y las latas de sardinas.

Muchas personas se ven forzadas a cancelar las vacaciones que habían proyectado tomar en el exterior y contentarse con un viajecito a algún lugar del propio país.

La devaluación suele favorecer a las industrias instaladas en el país porque gracias a ella los productos importados se vuelven más caros en términos del dinero local. En otras palabras, las fábricas nacionales tienen menos competencia extranjera. Sin embargo, las maquinarias o las materias primas que necesiten comprar fuera del país les resultarán más costosas, lo que puede obligarlas, a su vez, a incrementar también el precio de sus productos acabados. En otras palabras, la inflación provoca devaluación y la devaluación alimenta la inflación, creando así un círculo vicioso.

El único elemento positivo de una devaluación es que favorece las exportaciones, porque los productos del país se vuelven más baratos con relación al dólar y las demás divisas.

La recesión

En el mundo capitalista se alternan, con una frecuencia variable, ciclos de auge y crecimiento con otros de estancamiento y recesión.

Un crecimiento demasiado acelerado de la economía suele "recalentarla" y provocar inflación.

Pero las medidas que se toman para frenar este crecimiento a veces son exageradas y pueden provocar una recesión, lo que supone pasar de Guatemala a Guatepeor.

Aparte de medidas drásticas tomadas por las autoridades competentes, existen también circunstancias naturales capaces de iniciar una recesión.

La globalización y la tendencia generalizada hacia un libre comercio permiten la competencia internacional y la importación de productos sin trabas ni recargos (así, en países desarrollados, los productos importados a menudo son más baratos que los nacionales). En ciertos países, esto puede provocar el cierre de fábricas y empresas cuyos productos no pueden competir con los provenientes del exterior.

Las así llamadas "fusiones" –que, en realidad, suelen ser simplemente la compra de una sociedad por otra– se concertan principalmente para hacer economías de escala que, por su parte, presuponen un importante despido de personal.

A su vez, los progresos tecnológicos tienden al reemplazo de trabajadores por varios tipos de sistemas automatizados.

Finalmente, la especulación bursátil y la suba exagerada o injustificada de acciones que se negocian en las bolsas de valores, pueden ser seguidas por una caída estrepitosa de estos papeles, provocando quebrantos y quiebras que afectan negativamente la economía. Se reduce el número de consumidores al quedar muchos asustados y otros, insolventes.

La recesión se caracteriza por una serie de fenómenos que suelen aparecer simultáneamente: las fábricas trabajan por debajo de su capacidad, los comercios no venden, las tiendas están vacías o con muy pocos clientes, hay un número creciente de desempleados que buscan desesperadamente algún trabajo, las empresas no pueden reembolsar préstamos tomados y algunos bancos (cuyos créditos son cada día de más dudosa recuperación) quiebran. Las instituciones financieras que sobreviven no logran ni se atreven a conceder nuevos préstamos, ya que la única demanda de crédito que subsiste proviene de clientes que están en una situación financiera crítica.

Cuando una fábrica produce cien mil camisas y ciento cincuenta mil consumidores quieren comprar una o varias camisas, existe evidentemente más demanda que oferta. Y, si esta situación se repite con respecto a televisores, pantalones vaqueros, tractores, cepillos de dientes y juguetes, entre otros productos, se dice que la economía está en auge, o sea, creciendo. Como ya lo hemos visto, el peligro está en que, por exceso de actividad, la economía se "recaliente" y se produzca una fuerte alza de los precios en la mayoría de los productos, o sea que el auge lleve a la inflación.

Pero cuando una fábrica produce cien mil camisas, y solo cincuenta mil personas quieren y pueden comprarlas, existe más oferta que demanda. Y si esta situación se repite con casi todos los demás productos del país, la economía de esta nación entra en recesión.

Lo primero que sucede es que la fábrica pone las cincuenta mil camisas que no logra vender en un depósito. Esto siempre es un mal negocio, porque el depósito le cuesta un alquiler, y el dinero que no recibe (por ventas no realizadas) le cuesta intereses. En su contabilidad deberá hacer entrar esas camisas en un registro llamado "inventario". Por eso se dice que el crecimiento exagerado de los inventarios de las fábricas y de los comercios es un indicio de recesión.

Ante el crecimiento de su inventario y la dificultad de encontrar compradores para sus camisas, la fábrica decidirá reducir su producción. En vez de cien mil camisas fabricará solo cincuenta mil. Gracias a esta disminución de su producción podrá reducir también su personal, y procederá a despedir un cierto número de empleados. Resulta que esos empleados, gracias a sus sueldos, podían contarse entre las cincuenta mil personas que estaban en condiciones de comprar camisas y habían decidido hacerlo a la brevedad. Frente a su nueva situación de "desempleados" cambian de opinión, y deciden usar sus camisas viejas (a pesar de sus cuellos y puños deshilachados) por lo menos un año más. Con lo cual las previsiones de la fábrica deben modificarse otra vez, ya que ahora es poco probable que las ventas lleguen siquiera a las anticipadas cincuenta mil camisas.

Las liquidaciones anuales o periódicas, que las tiendas suelen efectuar para atraer a los clientes, pueden revelar un principio de recesión. Si estas liquidaciones ofrecen una gran abundancia de mercaderías y precios con descuentos importantes, significa que las empresas no tuvieron buenas ventas durante el año y se encuentran con grandes sobrantes de productos (inventario), de los cuales están ansiosos de deshacerse.

Desgraciadamente, es todavía más difícil para las empresas enfrentar una recesión que una situación inflacionaria. Esto es porque las medidas que una empresa necesita tomar para enfrentar la recesión deberían ser adoptadas antes de que esta se produzca.

Es durante las épocas de auge (o "boom") que se gestan las crisis en general, y las recesiones en particular. En épocas de auge, todos los negocios parecen buenos, y todos los proyectos parecen destinados a tener éxito. Por ende, es más difícil, pero más necesario, ser un buen administrador o gerente en tiempos de auge que durante una crisis. Si bien todas las empresas sufren por la recesión, no todas son afectadas con la misma intensidad. Las que fueron prudentes y conservadoras en momentos de exagerado optimismo tienen mejores posibilidades de sobrevivir.

¿Puede preverse una recesión? Sí y no. Lo que queremos decir con esto es que todas las crisis económicas son precedidas y anunciadas por ciertos síntomas que permiten saber que están por producirse, pero es muy difícil saber cuándo van a ocurrir. Esto es porque existen diversos factores que pueden demorarlas o acelerarlas.

Si el Banco Central de un país dispone de mucho dinero extranjero (reservas en dólares o euros, por ejemplo), puede mantener por bastante tiempo su propia moneda artificialmente sobrevaluada. En ese país se producirá inevitablemente una devaluación, pero es muy difícil predecir cuándo ocurrirá. Además, aun cuando se le acaben las reservas de divisas, un importante préstamo del Fondo Monetario Internacional, o el descubrimiento de nuevos yacimientos de petróleo, pueden constituirse en factores que demoren el reajuste inevitable.

A su vez, cuando la economía de un país está "recalentada", o sea, cuando la gente gasta demasiado, especula demasiado, se endeuda demasiado, y vive en un ambiente de optimismo exagerado e injustificado, se puede prever que al auge económico ("boom") le seguirá una recesión, y que, por la "ley del péndulo", cuanto más desenfrenado haya sido el auge, más fuerte será la recesión. Sin embargo, también en este caso será difícil adivinar el momento exacto en que la situación pasará de ser positiva a ser negativa.

No hay mucho que se pueda hacer para disminuir los efectos de una recesión sobre la población. Los empleados deben mostrarse particularmente eficientes para no ser incluidos en la lista de los que perderán su empleo. Deben gastar menos y tratar de no endeudarse, o, por lo menos, no incrementar sus deudas. Pero esto es desgraciadamente lo que hacen todos, y, por consiguiente, si bien puede mejorar situaciones individuales, solo empeora la situación general. Lo más aconsejable es que la gente sea prudente durante el auge. O sea, para sufrir menos los efectos de una recesión, deben tomarse medidas antes de que la misma se produzca. La población no debería dejarse arrastrar por la tendencia a no ahorrar parte de lo que gana, o a gastar, especular y endeudarse más allá de sus posibilidades reales y razonables. Cuando ya se está en plena recesión, algunos dirán: "este consejo viene tarde". Pero eso no es cierto porque los ciclos se repiten, y si el consejo llega tarde para enfrentar una recesión, puede servir para la próxima. Cuando se cometen errores, lo importante es aprender de ellos para no repetirlos.

El desempleo

Si bien el desempleo es una de las consecuencias de la recesión, puede considerarse también como una enfermedad de la economía por mérito propio. La recesión, al provocar la quiebra y el cierre de muchas empresas, crea una situación de desempleo generalizado. Pero existen muchas otras causas de desempleo que se ensañan particularmente con algunas profesiones y algunos sectores de la población.

En la época de la Revolución Industrial, al modernizarse las fábricas, un sinnúmero de obreros que formaban parte de lo que llamamos la "mano de obra no calificada" fueron reemplazados por máquinas y se encontraron en la calle.

En nuestros días, debido a lo que puede llamarse "revolución informática, tecnológica y robótica", están quedando sin empleo muchos trabajadores que son reemplazados por computadoras y una serie de artefactos provistos de programas de inteligencia artificial.

Es cierto que esta revolución, como la anterior, también crea nuevos empleos, nuevas especializaciones y hasta nuevas profesiones. Las máquinas y las computadoras tienen que ser manejadas, alimentadas, reparadas y comprendidas por seres humanos. Pero, en el corto plazo, los puestos de trabajo que se pierden son siempre más numerosos que los que se crean y, además, los nuevos empleos necesitan una formación profesional cada vez más especializada. Esto acentúa la disparidad de oportunidades para conseguir trabajo entre los candidatos sin una preparación suficiente o sin alguna especialización y aquellos que han recibido una formación y un adiestramiento adecuados.

Hoy, cualquier persona que no sea capaz de utilizar una computadora, aun si sabe leer y escribir, es considerada analfabeta.

Esta situación acentúa también la desigualdad y el desequilibrio en la distribución de la riqueza, ya que los desempleados, aun cuando cuentan con ayuda estatal, suelen pasar a integrar el sector más pobre de la población.

Un cambio en la política económica de un país, sea acertado o no, también puede provocar desempleo. El paso de una economía dirigida (que protege a las industrias nacionales) a una economía libre (que libera las importaciones y expone a las empresas locales a la competencia extranjera) frecuentemente provoca el cierre de las fábricas más anticuadas o ineficientes, y el consiguiente despido de su personal. Este tipo de cambio, si bien puede resultar beneficioso para la economía del país, siempre necesita de un tiempo prudencial de ajuste para llegar a serlo. Lamentablemente, los desempleados sufren de inmediato las consecuencias negativas del cambio y rara vez disponen del tiempo necesario para llegar a obtener los beneficios de esa transformación.

Una escasez temporaria de profesionales en ciertas especializaciones, el desarrollo acelerado de ciertos sectores de la economía, y aun la moda, pueden incitar a los estudiantes jóvenes a elegir preferente y masivamente una carrera determinada. Cuando todos estos estudiantes se gradúen y estén listos para incorporarse al mercado del trabajo, puede producirse un exceso de oferta en la profesión que han elegido. Esto también puede provocar situaciones de desempleo o, por lo menos, de frustración profesional para los candidatos que deben buscar trabajo en otras empresas o actividades, en las que probablemente no podrán utilizar o desarrollar los conocimientos especializados que han adquirido con tanto esfuerzo.

La deflación

Por mucho tiempo se pensó que la palabra "deflación" solo podía encontrarse en los diccionarios, ya que la enfermedad económica que designaba era teórica, no existía, ni podía llegar a producirse en el mundo real. En efecto, se consideraba que los fabricantes y los comerciantes nunca permitirían que se produjera una baja de precios generalizada de sus productos, ni los trabajadores, la reducción de sus salarios.

Desgraciadamente, se ha comprobado que una recesión aguda puede provocar un proceso deflacionario, cosa que era inimaginable en un mundo acostumbrado a padecer de inflación.

La deflación, o sea, la disminución de los precios a los cuales el consumidor puede conseguir las mercaderías o los servicios que necesita comprar, representa una revaluación del dinero, ya que, con la misma cantidad, se pueden adquirir y obtener más cosas que antes. Sin embargo, contrariamente a lo que se podría pensar, la disminución de los precios rara vez beneficia al consumidor. En efecto, este siempre sale perdiendo: cuando hay inflación, los precios suben más rápido que los salarios, y cuando hay deflación, los sueldos bajan más rápido que los precios.

Pero la deflación suele ser un proceso mucho más lento y limitado que la inflación. Lo mismo que los consumidores se resisten a todo aumento de los precios, los productores resisten fuertemente una reducción de los mismos. Además, existe un límite natural a la reducción de precios: un producto no puede llegar a valer menos de cero. Por el contrario, no hay límites a la inflación, ya que el precio de un producto puede subir a cualquier nivel, o sea, no tiene techo. Quizás sea por eso que fue necesario inventar la palabra "hiperinflación" pero no existe la palabra "hiperdeflación".

En cierto país latinoamericano, una vez se inició un proceso deflacionario por tres razones que, como ocurre a menudo, estaban interconectadas. La primera fue la existencia de una recesión muy fuerte y prolongada; la segunda, una política liberal en materia de comercio internacional que permitía la entrada al país de productos más baratos que los nacionales, y la tercera, el mantenimiento de una moneda nacional fuertemente sobrevaluada, lo que hacía todavía más atractivo comprar en el exterior y, al mismo tiempo, impedía exportar, ya que las mercaderías del país resultaban demasiado caras para los consumidores extranjeros.

Para que una recesión produzca deflación, tiene que ser prolongada, porque los fabricantes y los comerciantes resistirán por todos los medios a su alcance bajar los precios de venta de sus productos. Solo en última instancia aceptarán bajarlos, cuando no logren reducir la enorme cantidad de mercadería acumulada (el inventario) en sus depósitos. En efecto, si la producción de esa mercadería fue financiada por un banco, el propietario de la misma deberá seguir pagando intereses sobre el préstamo obtenido a ese efecto.

Mientras que, si la mercadería fue producida o comprada con fondos propios, su dueño perderá los intereses que hubiese podido obtener sobre ellos. Por otra parte, si los productos son perecederos, tendrán que conservarse en cámaras frigoríficas, y eso es más costoso todavía. Aun así, pueden perder valor en relación con los mismos productos frescos. Si no son perecederos, pueden desvalorizarse por convertirse en obsoletos, perimidos o pasados de moda. En estos casos extremos las empresas pueden tener que vender sus productos a pérdida, si no consiguen bajar sus costos de producción.

Desafortunadamente, en períodos de fuerte recesión, los consumidores se benefician poco o nada de la reducción de los precios de algunos artículos, ya que si no los compran, no es porque son demasiado caros, sino porque no están en condiciones de comprarlos a ningún precio, por más bajo que sea.

A su vez, la sobrevaluación de la moneda nacional hace que los artículos y las mercaderías producidos en el país no puedan competir con los productos importados. Estos últimos pueden comprarse con una suma menor de moneda local a la que sería necesaria si esa moneda no estuviese sobrevaluada. En su país de origen, los productos importados pueden valer lo mismo que en el pasado (en términos de dólares, por ejemplo), pero su precio en la moneda del país importador es menor porque la moneda local puede canjearse por dólares a una tasa superior a su valor real, lo cual beneficia al importador.

Una deflación puede producirse también como reacción del mercado frente a una suba previa, exagerada e ilógica, de ciertos bienes o productos. Una economía sobrecalentada puede acarrear especulación e inflación y el aumento desmesurado de los precios de ciertos productos o bienes específicos. En el Japón, por ejemplo, se produjo lo que podría llamarse una "hiperinflación inmobiliaria", debido al auge de la economía y a la escasez de terrenos disponibles para la edificación, sobre todo en las áreas urbanas. Como siempre, al comenzar una recesión y frenarse la especulación se produjo una fuerte deflación, en especial en el sector inmobiliario.

Este tipo de situación puede ser desastrosa tanto para las empresas como para los particulares. Los que desean comprar una casa o un departamento y no pueden hacerlo por no disponer de fondos suficientes, son felices cuando los precios se desmoronan; pero para aquellos que compraron su propiedad a un precio estrafalario, la deflación resulta penosa y, a veces, desesperante. Si la compra se realizó sin necesidad de utilizar un crédito, es decir, al contado, o si la propiedad está destinada a ser la vivienda del comprador y este es relativamente joven, el negocio no tiene por qué tener consecuencias trágicas. El nuevo propietario puede esperar que, con el tiempo, su inmueble vuelva a valer lo que él pagó. Entretanto, vive en esa casa o ese departamento, lo disfruta, y probablemente no tiene intenciones ni necesidad de venderlo en un futuro cercano. En cambio, si la compra fue hecha a crédito (hipotecario u otro), si –por ejemplo– el propietario vive de su jubilación y, en vista de su edad, puede necesitar vender el inmueble en un futuro cercano para mudarse a una casa de retiro, la deflación resulta catastrófica. El comprador pagará cuotas, el monto total de las cuales, sin siquiera contar los intereses, puede ser mucho mayor que lo que vale la propiedad. En otras palabras, pagará en cuotas no solo el inmueble y los intereses del préstamo, sino también una pérdida sustancial. Por otra parte, si decide vender la propiedad, puede no sacar por ella suficiente dinero como para reembolsar el préstamo que tomó.

Hay que agregar que, si la deflación se debe al reventón de una burbuja especulativa, es poco probable que los precios, después de bajar, vuelvan a su nivel anterior. Por consiguiente, este fenómeno quizás no debería considerarse como una verdadera deflación, sino más bien como un retorno a la normalidad. La reducción de los precios no es una deflación cuando solo ocurre para corregir una anomalía.

¿Qué debemos hacer cuando hay deflación? Pues, obviamente, lo opuesto a lo que debemos hacer cuando hay inflación. Pero en ambos casos, todo depende de si se está al principio o al final de un ciclo económico. Es bien difícil protegerse de una crisis en la cual ya estamos inmersos. Lo ideal es protegerse antes de la próxima crisis, previéndola.

Al principio de una deflación uno debería mantenerse lo más líquido posible, porque nuestro dinero vale más y las cosas valen menos.

También conviene colocar el dinero que tenemos disponible a un plazo relativamente largo, porque en época de deflación las tasas de interés tienden a bajar, por sí mismas, o por decisión de las autoridades que rigen la política monetaria del país. Si necesitamos utilizar un crédito para efectuar alguna compra importante, lo mejor será esperar un poco para hacerlo, por esa misma razón: la tasa de interés que nos cobrarán será más ventajosa (baja) dentro de un tiempo. Si tomamos un préstamo hipotecario a mediano plazo y podemos elegir entre una tasa de interés fija o una tasa de interés ajustable, lo mejor será elegir la tasa ajustable. Nos puede convenir comprar bonos, porque el valor de los bonos siempre sube cuando los intereses bajan.

Pero, si estamos llegando al fin de un ciclo recesivo, todo esto puede salir muy mal.

Estancamiento con inflación, "stagflation"

Desgraciadamente, las enfermedades económicas, como las físicas o las mentales, no siempre son fáciles de diagnosticar. La economía puede padecer de dos enfermedades a la vez, y, como ya dijimos, la medicación que se aplica suele tener efectos secundarios peores que las enfermedades mismas.

Por esa razón, una recesión prolongada puede provocar inflación y deflación al mismo tiempo. Claro que estos fenómenos se producen en sectores distintos de la economía, pero eso solo hará más arduo encontrarles una medicina adecuada.

En los países sometidos a una larga recesión, acaba por producirse una "stagflation", durante la cual, mientras caen los precios de aquellos bienes que gozaron de un auge excesivo (como los del sector inmobiliario, cuando explota la burbuja especulativa) y los precios de todos los bienes prescindibles, como automóviles, vestimenta, viajes, cuya compra puede ser postergada, los precios de los bienes imprescindibles –los alimentos, la gasolina, el transporte, etc.– suben.

CAPÍTULO VI

DESPERSONALIZACIÓN
DE LAS EMPRESAS

Formación de empresas

Así como hombres de las cavernas, sin saberlo, inventaron el crédito y el comercio, es probable que otros hombres primitivos, al decidir compartir y usufructuar lo que producían, crearan la primera empresa. En efecto, no importa que cosecharan o elaboraran cada uno un producto diferente, o trabajaran todos juntos para producir uno o varios productos, lo que importa es que, por un acuerdo verbal entre ellos, perseguían un mismo fin y compartían los resultados obtenidos. De qué manera trabajaban (individual o conjuntamente) era solo una cuestión de organización y de eficacia laboral. Pero el reparto de los beneficios de un esfuerzo común constituía, de hecho, la creación de una empresa o una sociedad.

Más adelante, cuando los hombres descubrieron que algunos de ellos faltaban a su palabra, que los acuerdos de caballeros no eran siempre respetados (porque no todos eran caballeros), tuvieron que inventar la ley escrita, registrada y codificada. A partir de ese momento, se hizo la distinción entre una persona física y una persona "jurídica". La última, designando todo tipo de sociedad formal.

En las sociedades primitivas solían existir acuerdos y responsabilidades mutuas entre los socios, pero estos no asumían responsabilidades conjuntas hacia terceros. O sea, para las personas con las cuales hacían negocios, seguían siendo individuos y ellas solo podían reclamarle o quejarse al socio con el que habían tratado, ya que no existía ninguna constancia escrita o registrada de que los miembros de la empresa eran socios, o de que asumían los compromisos de la empresa hacia terceros en forma conjunta. Es decir, el que hubiese sido engañado o maltratado por uno de los socios no tenía la posibilidad de reclamar ante alguien por esa falta.

Persona física y persona jurídica

A partir del momento en que una "sociedad personal" se transforma en persona jurídica, esto cambia, y los socios ya no tienen solo responsabilidades entre ellos, sino también hacia las demás personas con las que hacen negocios, y deben responder por los compromisos de la sociedad tanto a título individual como colectivo. Inútil decir que, en estas circunstancias, es conveniente que uno elija muy cuidadosamente las personas con las cuales se asocia.

Este tipo de sociedad presenta dos inconvenientes mayores para sus socios. Primero, que deben responder por cualquier compromiso de la sociedad hasta el total de su dinero o de sus bienes y no solo por lo que han invertido en la empresa. Segundo, deben responder por cualquier compromiso asumido en nombre de la sociedad por sus socios, si estos no tienen suficientes fondos para hacerlo o eluden en alguna forma su responsabilidad.

Sociedades de responsabilidad limitada

Para evitar estos inconvenientes se crearon varios tipos de sociedades de "responsabilidad limitada", en las cuales los socios solo son responsables, como límite máximo, por el monto de dinero (u otros aportes) que han invertido en la empresa. En otras palabras, se separa el capital de la empresa "persona jurídica" del capital de las persona físicas que la integran. Esto representa una protección para los socios, pero un eventual peligro para los que hacen negocios con la sociedad. Los últimos, al asumir riesgos con la empresa, deben sopesar la importancia de los fondos propios de la sociedad, pero hacer caso omiso de los de sus socios, que son irrelevantes, ya que no respaldan ni garantizan a la empresa.

Las pequeñas y medianas empresas de responsabilidad limitada generalmente adoptan como razón social de su persona jurídica (lo que equivale al nombre de una persona física) los apellidos de sus principales socios o sus socios fundadores. Es así como un bufete de abogados podrá denominarse "Pérez, González y Gómez Ltda.", por ejemplo. En estas firmas, los socios suelen trabajar en y para la empresa, y conocerse personalmente. Cuando llegan a la oficina de mañana, se saludan amistosamente e intercambian algún chiste para empezar bien el día. Aun cuando se detestan, tratan de mantener relaciones cordiales entre ellos, porque tienen intereses comunes que defender, deben trabajar juntos por muchas horas y convivir. Al fin de cada ejercicio (fin de año de la empresa) dan una pequeña recepción para los socios y el personal, en la cual se hacen algunos discursos, pero sobre todo, al amparo de bebidas ligeramente alcoólicas, se charla informal y amistosamente, tratando de crear para la empresa la imagen de una gran familia.

Sociedades anónimas

Las sociedades anónimas son también de responsabilidad limitada. Lo que las diferencia de las sociedades personales... es que dejan de ser personales. Suelen tener un número de socios mucho mayor. A cada uno de ellos la sociedad le entrega acciones (generalmente emitidas "al portador", para que puedan venderse fácilmente a terceros) que representan su aporte de dinero a la empresa. Por eso dejan de llamarse socios (aunque teóricamente lo siguen siendo), y pasan a llamarse "accionistas". Algunos de estos accionistas, generalmente los más importantes, trabajan para la empresa o, por lo menos, son miembros del directorio de la sociedad, participando así personalmente en la supervisión de su gestión. Pero muchos accionistas pequeños (minoritarios) no participan en la vida de la sociedad y se limitan a cobrar los dividendos que la compañía distribuye sobre sus acciones, cuando los hay, y a protestar en la asamblea anual de accionistas, cuando no los hay. Los socios, o mejor dicho, los pequeños accionistas de las sociedades anónimas, no solo no se responsabilizan por más dinero que el que han puesto en la sociedad, sino que ni siquiera suelen ser conocidos por los empleados de la empresa, ni por las personas o las firmas que hacen negocios con ella, ni por los clientes de la misma o por los demás accionistas de la sociedad. Son demasiado numerosos y transitorios (porque a menudo venden sus acciones poco tiempo después de haberlas comprado) para tener caras. De ahí lo de "sociedad anónima".

Por tal razón, estas sociedades no acostumbran adoptar como razón social el nombre de alguno/s de sus socios, sino un nombre impersonal como, por ejemplo: "Compañía Internacional Constructora SA" o "Maquinarias y Herramientas Herrumbradas SA".

Emisiones públicas y privadas

Para incrementar su capital, o sea, el total de sus fondos propios, una sociedad anónima puede efectuar una emisión de acciones en forma privada o en forma pública. Generalmente lo hace primero en forma privada, ofreciendo las nuevas acciones a emitir a un pequeño grupo de inversores conocidos que, por la confianza que tienen en los promotores de la empresa, o por estar convencidos de que la actividad a desarrollar por la organización tiene brillantes perspectivas a breve plazo, están dispuestos a correr el riesgo de invertir una cierta cantidad de dinero en ella. El dinero que estos inversores aportan así a una nueva sociedad, que recién inicia sus actividades, suele llamarse "capital de riesgo". En efecto, se trata de dinero sobre el cual ciertos capitalistas están dispuestos a asumir un mayor riesgo, con la esperanza de obtener pronto un mejor rendimiento del que podrían conseguir en inversiones más seguras. Recién cuando la sociedad empieza a desarrollarse satisfactoriamente y a dar resultados positivos puede pensar en efectuar una emisión pública de acciones. En la mayoría de los países, estas últimas emisiones están sometidas a reglamentaciones muy severas de parte de las autoridades competentes, y la empresa debe reunir condiciones preestablecidas y una profusa documentación que ilustre adecuadamente al público sobre su situación financiera y su evolución comercial. Cuantos más accionistas tenga una sociedad anónima, y cuanto más atomizado esté su capital, más anónima se vuelve.

Crecimiento a veces excesivo de las empresas

Como veremos más adelante, los progresos tecnológicos, especialmente en el campo de las comunicaciones, han *achicado* el mundo en el que vivimos y han proporcionado a las empresas una visión más amplia de sus posibilidades de expansión internacional. A la par de esta visión global, surgieron ambiciones de desarrollo a veces exageradas, si tenemos en cuenta que, para una empresa, crecer no debe ser un fin en sí, sino solo un medio para obtener mejores resultados.

Es así como se produce una situación paradojal. Mientras casi todas las sociedades predican la necesidad prioritaria de servir y satisfacer al cliente, mediante un crecimiento gigantesco, se alejan de este y lo atienden cada vez peor. Además, las grandes compañías, para poder sobrevivir, se ven obligadas a fabricar solo bienes y productos que se pueden vender masivamente, con lo cual muchos sectores de la sociedad se ven mal abastecidos al desaparecer productos que necesitan o desearían comprar, pero que ya no se producen porque no son de uso universal.

Muchas empresas también se fusionan para crecer más rápidamente y hacer "economías de escala", o sea, producir en forma conjunta más con menos empleados y menores gastos administrativos. Estas fusiones tienen efectos secundarios sobre la economía, ya que implican el despido de personal, lo que aumenta la desocupación y puede acelerar un proceso recesivo. También es cierto que estas fusiones intensifican la gradual despersonificación de las empresas. Al cambiar tantas compañías de dueños o de accionistas principales, se vuelve cada vez más difícil saber quién es quién en el mundo de los negocios. El gerente general de una empresa industrial importante expresó espontáneamente este sentimiento generalizado de desconcierto e incertidumbre cuando, al preguntársele si él era el señor Rodríguez, contestó: "¡Mire, no estoy seguro!".

CAPÍTULO VII

REFLEXIONES SOBRE TEORÍAS Y POLÍTICAS ECONÓMICAS

Materialismo de las economías

No es propósito de este libro enumerar, ni analizar, las múltiples teorías económicas existentes, ya que su carácter es esencialmente empírico, o sea, basado sobre experiencias de la vida diaria. Sin embargo, algunas consideraciones generales se imponen.

Primero debemos aclarar que la economía es una disciplina total y exclusivamente materialista. En efecto, su propósito es encontrar las mejores fórmulas para obtener un mayor crecimiento de la riqueza y su mejor distribución. La economía busca el bienestar social pero, entendámonos, se trata de un bienestar material, ya que la economía tiene poco o nada que ver con el bienestar espiritual o moral, que son de la incumbencia de la religión y la filosofía.

Capitalismo y socialismo

Tal como hemos visto en el capítulo III, se pueden dividir las teorías y las políticas económicas en dos grandes categorías: las que le dan prioridad a la creación de la riqueza y las que dan una atención prioritara a su distribución equitativa. En un extremo se encuentra el capitalismo, partidario de una economía de mercado, libre de cualquier intervención estatal y defensor incondicional de la propiedad privada. En el otro extremo se encuentra el comunismo, la forma más radical de socialismo, defensor de una economía dirigida y del control estatal de la producción y su distribución. Entre ambos extremos se encuentran un sinfín de sistemas intermedios que mezclan capitalismo y socialismo, adoptando, en diferentes dosis, algunos principios y preceptos de ambos.

Sobre la base de experiencias pasadas, se puede concluir que el comunismo no es muy eficiente en lo que respecta a la creación de riqueza, y el capitalismo es ineficiente en cuanto a su adecuada distribución. Y no es porque el comunismo no haya querido crear riqueza, sino porque el sistema no ha tomado suficientemente en cuenta los aspectos negativos de la naturaleza humana, como el egoísmo, la pereza, la codicia y la ambición desmesurada. A su vez, el capitalismo no ha ignorado la necesidad de una mejor distribución de la riqueza, pero ha confiado demasiado en la presunta sabiduría del mercado para lograr este fin. Basado en esta fe ciega, ha inventado la teoría de la filtración, según la cual, si bien, en un primer momento, la riqueza creada tiende a polarizarse, enriqueciendo aún más a los ricos, procederá luego, natural e inevitablemente, a filtrarse hacia las capas más pobres de la población. En la práctica, esta teoría parece funcionar solo en forma errática. Por otra parte, si bien es cierto que la ley de la oferta y la demanda funciona siempre (y por eso es ley y no teoría), lo hace tanto por razones válidas, como sobre la base de fantasías o errores de la mente humana. Las fluctuaciones del mercado surgen y resultan de las reflexiones y las reacciones de miles o millones de seres humanos. Y como estos son falibles y frecuentemente se equivocan, no es sorprendente que el mercado también lo haga.

Economía de demanda y economía de oferta

Si bien sabemos que las generalizaciones son peligrosas, porque producen aproximaciones e inexactitudes, también son necesarias para crear una imagen simplificada de temas que suelen resultar confusos o agobiantes. Por eso, nos atrevemos a decir que, si bien en el siglo XX han abundado las teorías económicas y las diferencias de opinión entre los economistas de países capitalistas, todos parecen estar de acuerdo en que unas fuertes demanda y oferta de productos son indispensables para el buen funcionamiento y el crecimiento de la economía. Los desacuerdos se refirieron exclusivamente a cómo lograr el incremento de esa demanda y esa oferta, y a la determinación de cuál de las dos es más importante para los fines perseguidos.

En la primera mitad del siglo pasado, las teorías de un economista inglés llamado John Maynard Keynes tuvieron una amplia aceptación. Sus teorizaciones enfatizan la importancia de la demanda –o sea, el deseo de consumir del consumidor– en el desarrollo de la economía. Para obtener ese resultado, el consumidor debe tener un empleo, que le procure un sueldo, que le permita gastar. Con el mismo fin, debe tener acceso al crédito. En otras palabras, en un determinado país, la demanda depende en gran parte de la liquidez (disponibilidad de dinero) existente. Por consiguiente se considera razonable que el gobierno asuma, mediante el establecimiento de una política monetaria adecuada, la responsabilidad de mantener una liquidez suficiente en el país.

Hacia fines de los años 70 y principios de los 80, un grupo de economistas desarrolló teorías que dan más importancia a la oferta que a la demanda, sosteniendo que la oferta crea, por sí misma, la demanda. La idea es que, al aumentar la producción, se crean más empleos, los que a su vez producen más consumidores —o sea, aumentan la demanda—. Esta escuela también recomienda que el Estado intervenga lo menos posible en el funcionamiento de la economía. Sin embargo, favorece el establecimiento de una política fiscal que tienda a la reducción de impuestos, para alentar las empresas y la producción.

No hay duda de que la oferta y la demanda están irremediablemente interconectadas e influyen una sobre la otra. Sin embargo, determinar cuál de las dos es más importante parece un poco como determinar qué apareció primero en el mundo: el huevo o la gallina.

Política monetaria

Cuando la economía se mantiene sana y robusta, la mayoría de los capitalistas liberales favorecen la no intervención del Estado en su evolución, dejando que se desarrolle por sí sola, guiada por las tendencias del mercado y la ley de la oferta y la demanda. Sin embargo, apenas esta muestra signos de malestar, estornuda, tiene las manos frías o la frente demasiado caliente, todos sugieren o solicitan al gobierno tomar medidas para prevenir o curar la enfermedad que se vislumbra.

Existen dos maneras principales en que el Estado puede influenciar la marcha de la economía: mediante la aplicación de una política monetaria o por medio de una política fiscal. La primera concierne a la emisión, circulación y costo del dinero (o sea, la liquidez), y suele ser manejada por el Banco Central que es una institución oficial, a veces llamada "banco de bancos". La segunda concierne al manejo del presupuesto nacional (cobros y gastos del Estado) y, por ende, a la creación o la abolición de impuestos, y suele ser manejada a nivel legislativo (en el Congreso).

La liquidez

La liquidez, o sea el dinero que hay en circulación, actúa como un lubricante de la economía. Sin dinero, el consumidor no consume, el ahorrista no ahorra, el inversor no invierte, los bancos no prestan, y muchas empresas, aun sanas y que producen beneficios, quiebran por no poder reembolsar los préstamos que han tomado para desarrollar su actividad industrial o comercial. Claro que un exceso de liquidez puede provocar inflación, porque si la cantidad de dinero en circulación crece más rápido que la cantidad de productos disponibles, estos suben de precio, por la ley de la oferta y la demanda. Pero esto no constituye una objeción a la liquidez, sino una crítica al exceso.

El Banco Central de un país posee varias opciones para inyectar liquidez a la economía cuando cree que esta la necesita. Una de ellas es el llamado "redescuento". La principal función de los bancos es prestar dinero a sus clientes. Pero solo pueden hacerlo con el dinero del que disponen, o sea, su capital y sus depósitos. Cuando han prestado todo lo que tenían, ya no pueden prestar más, a menos que ellos también tomen dinero prestado a otros bancos o al Banco Central. Muchos préstamos bancarios son documentados mediante la firma por parte del cliente de un papel llamado "pagaré", en el cual se compromete a reembolsar el préstamo recibido en un plazo determinado. Los bancos "descuentan" estos pagarés al cliente, lo que solo significa que le cobran por adelantado los intereses sobre el préstamo. Son estos documentos los que los bancos llevan al Banco Central (banco de bancos) para que este a su vez se los "redescuente". Así consiguen reemplazar el dinero ya prestado por dinero fresco, que pueden volver a prestar.

Otra forma de mejorar la liquidez de los bancos, por parte del Banco Central (o de la Superintendencia de Bancos), es la de reducir las exigencias de encaje o de reservas que habitualmente se les impone. En efecto, suele exigirse a las instituciones financieras mantener un "encaje" (dinero depositado en el Banco Central del cual no pueden disponer) y ciertas reservas para cubrir el riesgo crediticio de préstamos considerados de dudosa recuperación. Es obvio que, cuando estas exigencias se reducen, los bancos pueden utilizar parte de estos fondos para efectuar nuevos préstamos, mejorando así la liquidez de la plaza.

Los gobiernos de muchos países, para financiar obras o gastos extraordinarios que no logran cubrir con los impuestos que cobran, emiten "bonos del tesoro". Es la manera del gobierno de tomar dinero prestado del público. Los bonos representan un reconocimiento de deuda por parte del Estado, y un compromiso de repago de la misma a mediano o largo plazo. Generalmente estos bonos son vendidos por intermedio del Banco Central. Cuando este desea inyectar liquidez a la economía, puede proceder a la recompra de estos bonos. Esto implica una reducción de los bonos en manos del público y un simultáneo aumento del dinero en circulación.

Una reducción de las tasas de interés también puede ayudar al mantenimiento de una liquidez aceptable. El hecho de que el dinero sea más barato no implica necesariamente que habrá más dinero. Pero es cierto que una tasa de interés baja puede incitar, tanto a las personas como a las empresas, a recurrir más asiduamente al crédito, lo que sí incrementa la cantidad de dinero que circula.

Finalmente, el Banco Central tiene la alternativa de devaluar la moneda nacional. Esto puede atraer capitales del exterior, ya que todo lo que el país tenga para vender (empresas, inmuebles, acciones, bonos), y todo lo que pueda exportar, resultará –por su menor precio en moneda extranjera– más atractivo para los inversores o los compradores de otras naciones.

Si, a veces, se toman algunas de estas medidas, es para evitar un estado de "iliquidez" que perjudique el buen funcionamiento de la economía. La iliquidez no es una enfermedad en sí, pero suele ser la consecuencia de problemas económicos subyacentes o en incubación. Puede producirse espontánea e involuntariamente, por ejemplo, cuando los ciudadanos de un país se dan cuenta de que este está sufriendo una crisis política o económica de la que no logra salir, y tratan de poner su dinero a salvo transfiriéndolo al exterior. Esta salida masiva de dinero, o "fuga de capitales", suele provocar iliquidez en el país. Pero la iliquidez también puede ser provocada por medidas gubernamentales tendientes a desacelerar el crecimiento excesivo de una economía "sobrecalentada" y frenar la inflación. Estas medidas son las contrarias a las que se toman para incrementar la liquidez, o sea: eliminación del redescuento, aumento de los encajes y las reservas bancarios, emisión y colocación de bonos del tesoro, suba de las tasas de interés y, eventualmente, mantenimiento de una moneda sobrevaluada. Lo malo, como ya dijimos, es que a veces el remedio es peor que la enfermedad. Al aumentar las reservas obligatorias de los bancos, estos tienen menos dinero para prestar, las empresas no consiguen suficientes préstamos para desarrollar sus actividades y les cuesta reembolsar las deudas ya existentes. Se reduce su producción, ocurren despidos de trabajadores, hay más desocupación, menos consumo, quiebras, y se inicia una recesión.

Política fiscal

La política fiscal tiene una influencia directa sobre la economía, y a veces indirecta sobre la liquidez. Para que la economía se mantenga sana, es necesario que el gobierno maneje sus finanzas con la misma seriedad y ortodoxia recomendada para las empresas privadas o para las personas.

Lo supuestamente ideal es que tenga un presupuesto equilibrado, es decir, que las entradas de dinero compensen en un cien por ciento los gastos. Esto no es siempre posible, ni necesariamente recomendable. Si el gobierno quiere que la economía crezca, necesita mejorar la infraestructura del país, contruyendo hospitales, escuelas y carreteras, por ejemplo, proveyendo así a sus ciudadanos de salud, educación y buenas comunicaciones. Si sus entradas no le alcanzan para atender estas obras de importancia social, necesitará endeudarse, aunque sea temporariamente, tomando dinero prestado dentro y/o fuera del país. Dentro del país, como hemos visto, lo hará principalmente mediante la emisión y la colocación de bonos al público. Fuera del país, puede hacerlo de la misma manera, pero emitiendo bonos en moneda extranjera, lo que siempre es algo más riesgoso; o puede hacerlo obteniendo préstamos de entidades internacionales como el Banco Mundial, el Fondo Monetario Internacional, o de bancos estatales y privados de otras naciones. En principio, no hay nada malo en que un Estado se endeude, como no hay nada malo en que una empresa comercial o industrial privada tome préstamos de los bancos para financiar su actividad y su crecimiento. Lo importante es que el gobierno esté seguro de obtener, a corto o mediano plazo, las entradas de dinero suficientes para pagar sus deudas en sus respectivos vencimientos.

Desgraciadamente, situaciones financieras desesperadas que han atravesado, o están atravesando, varios países del mundo, han demostrado lo equivocada que era la idea de que un país no puede ir a la bancarrota. Visto que ya no está de moda mandar a la flota de guerra a cobrar las obligaciones financieras de terceros países, hoy solo se habla de "reestructuración", de "renegociación" o de "condonación" de deudas. Esto no se hace por pura generosidad de los acreedores, sino porque es mejor cobrar algo que nada. Por otra parte, si no se hiciera, no existiría ya posibilidad alguna de venderle más productos al deudor. Los acreedores rara vez admiten haber otorgado créditos mal estudiados, mal concebidos y de una dimensión totalmente exagerada. Como para bailar un tango, se necesita ser dos para estructurar un crédito, o sea, un deudor y un acreedor. Si la operación termina en catástrofe, ambas partes son responsables.

En vez de endeudarse para pagar sus obras y sus proyectos, el Estado puede recurrir a la solución más simple pero mucho más peligrosa de imprimir nuevos billetes de banco. En la práctica, esto significa devaluar la moneda nacional dentro del país, o sea, inflación. Si se crea una mayor cantidad de billetes con el respaldo de las mismas reservas o de la misma garantía del Estado, cada uno de esos billetes vale menos y, por consiguiente, todo lo que se desea comprar con ellos vale más (en términos de precios). El nefasto efecto de este tipo de medida puede demorar en sentirse, pero se producirá inevitablemente. La inflación por emisión de dinero sin respaldo termina por ser mucho más onerosa para el público en general que un aumento de sus impuestos, y, en realidad, se trata de un impuesto disfrazado. Esta política fiscal puede calificarse de robo del Estado a sus ciudadanos.

La política fiscal a veces se utiliza también para luchar contra una recesión o para frenar un proceso inflacionario. En el primer caso, el poder legislativo reduce los impuestos para aumentar el poder adquisitivo de las personas y de las empresas y alentarlas así a producir y consumir. En el segundo caso, el gobierno puede proceder a aumentar los impuestos, para frenar un proceso inflacionario y enfriar así una economía supuestamente sobrecalentada. Sin embargo, estas medidas fiscales suelen tener un efecto mucho más lento sobre la economía que las medidas de carácter monetario.

Ley del péndulo

En economía existen muchas teorías y pocas leyes. Ya hemos hablado de la ley de la oferta y la demanda. Otra ley que se origina en la física, pero que es aplicable a la economía y, desgraciadamente, a menudo es ignorada, o subestimada, por los economistas o por las autoridades gubernamentales que rigen la economía de un país, es la "ley del péndulo". Cuanto más alto se eleva un péndulo en su movimiento hacia un lado, más alto se elevará a su regreso hacia el lado opuesto. Lo mismo ocurre con los ciclos económicos y con todo movimiento natural o artificial que se le imprima a la economía.

Cuando un movimiento especulativo masivo hace subir exageradamente el precio de las acciones en las bolsas de valores, es prácticamente inevitable que se produzca una baja posterior que será, a su vez, también exagerada. Se logrará un precio razonable solo al estabilizarse la demanda y la oferta, depués de varios movimientos de subas y bajas, y el equilibrio probablemente se establecerá en un nivel intermedio entre el máximo y el mínimo alcanzados.

Este movimiento pendular suele producirse no solo en intensidad, sino también en tiempo. Por eso, se puede prever que, cuanto más "sobrecalentada" haya estado una economía en una época de auge ("boom"), más fuerte será la posterior recesión; y cuanto más se haya prolongado el auge, más tiempo durará el período recesivo.

Lo mismo ocurre cuando una moneda es mantenida artificialmente sobrevaluada. Esto puede hacerse para defender una precaria estabilidad, para evitar que una devaluación produzca inflación dentro del país, o por una simple razón de prestigio (ya que, con o sin razón, una devaluación, en vez de ser considerada un simple ajuste técnico, suele interpretarse como un fracaso de la política económica practicada). Lo cierto es que casi siempre existe una fuerte resistencia por parte de las autoridades monetarias a devaluar la moneda nacional. Sin embargo, ninguna moneda puede mantenerse sobrevaluada indefinidamente. Cuando la moneda nacional está sobrevaluada, suele producirse una fuerte demanda de moneda extranjera, lo que termina, ineludiblemente, por provocar una devaluación. Cuanto más tiempo se mantenga una moneda a un tipo de cambio artificialmente alto, más violenta resultará su devaluación y más perjuicio traerá esta a la economía del país. Así lo determina la ley del péndulo.

CAPÍTULO VIII

DEBILIDADES DE LOS ANÁLISIS ECONÓMICOS

Al hablar de economía, debemos recordar que no es una ciencia exacta; que su análisis se basa principalmente en estadísticas que, como veremos, no son siempre confiables, y que los economistas (con toda lógica) tratan de resolver problemas económicos mediante medidas basadas en teorías y principios económicos.

Política y psicología

Desgraciadamente, los acontecimientos que más influyen en la economía suelen no ser de naturaleza económica sino política, sociológica, psicológica o hasta climatológica.

Una guerra, una revolución o un simple cambio de gobierno pueden tener repercusiones tremendas sobre la economía de un país.

Por otra parte, fenómenos como el de El Niño (una corriente marítima caliente que modifica la temperatura del océano Pacífico a lo largo de las costas de América del Sur, generando trastornos climatológicos) o como el huracán Andrew (que arrasó barrios enteros de Miami), o como los terremotos (a los cuales están sujetos países situados sobre fallas geológicas) producen desastres económicos imprevisibles y mucho más graves que los que, por ejemplo, puede ocasionar la suba de la tasa de interés por decisión de las autoridades monetarias, o la devaluación de alguna moneda nacional.

Por otra parte, ciertas reacciones psicológicas individuales o colectivas no solo influyen en el desarrollo de las economías, sino que desvirtúan supuestos económicos generalmente aceptados, ya que medidas idénticas pueden obtener resultados opuestos en distintos ambientes o países.

Es así como, en los Estados Unidos, cuando el Banco de Reserva Federal desea frenar un principio de inflación, lo primero que hace es subir la tasa de interés sobre el dólar. Esta medida resulta efectiva gracias a la manera de razonar y de reaccionar de los hombres de negocios y del público estadounidense. Cuando la tasa de interés es alta, los estadounidenses compran menos a crédito y toman menos préstamos de los bancos, porque suponen que las tasas se normalizarán (o sea, volverán a bajar). Esto produce una disminución del dinero en manos del público y una retracción de los negocios, lo que es la medicina adecuada para una economía "recalentada". Por el contrario, en Latinoamérica, en épocas de inflación, la política de las autoridades monetarias suele consistir en frenar la suba de las tasas de interés para evitar que el alto costo del crédito se convierta en un factor más de inflación. Esto se debe a la idiosincrasia de los latinoamericanos que, cuando los intereses suben, en vez de pensar que volverán a bajar, piensan que seguirán subiendo y se precipitan a tomar más préstamos, porque creen que cualquier demora en tomar su crédito les resultará perjudicial.

Estadísticas y porcentajes

Las conclusiones a las que llegan los estudios y los análisis económicos se basan en, e invocan principalmente, estadísticas y porcentajes. Lamentablemente, estas cifras se encuentran sujetas a demasiados errores humanos. Las estadísticas pueden haber sido mal recogidas, mal transmitidas y, sobre todo, involuntaria o voluntariamente, mal interpretadas. En otras palabras, la validez de las estadísticas depende de la meticulosidad del que las obtiene, el sentido común del que las analiza y la sinceridad del que las utiliza.

Ilustremos esto con algunos ejemplos.

En un país africano, se realizó un estudio relacionado con la mortandad por cáncer y se llegó a la conclusión de que, en los últimos dos años, las muertes por esa causa habían disminuido sensiblemente. Esto parecía implicar que se habían hecho progresos en la detección, la prevención y la cura del mal. Sin embargo, ese país había sufrido, durante el período bajo estudio, una fuerte epidemia de cólera. Muchísimos habitantes habían fallecido a causa de la epidemia. Por consiguiente, las estadísticas referentes al cáncer perdían validez. Como solo morimos una vez, todos los que perecieron de cólera no llegaron a morir de cáncer.

Para evaluar la calidad de la alimentación en un pequeño pueblo europeo, se hizo una encuesta orientada a conocer cuántos pollos consumían por mes sus habitantes. Después de recoger meticulosamente, casa por casa, la información requerida, se llegó a determinar que la mitad de las familias visitadas consumían un pollo por semana, mientras que la otra mitad no comía pollo. Sobre la base de los datos obtenidos, un diario local publicó el interesante estudio, cuya conclusión era que todas las familias de la comunidad consumían medio pollo por semana, o sea, dos pollos por mes.

Un hombre de negocios tenía que viajar de Nueva York a París. En las semanas previas a su viaje se produjeron varios atentados con bombas en vuelos internacionales. Nuestro hombre, que no se caracterizaba por su valentía, estaba muy asustado, temiendo que pudiese haber una bomba a bordo del avión que iba a tomar. Llamó a un amigo suyo que era matemático especializado en estadísticas, y le pidió que le hiciera un cálculo de probabilidad, con respecto a la posibilidad de un atentado en el avión en que iba a viajar. Su amigo le dijo que lo haría con mucho gusto pero que le diera 24 horas de tiempo para hacerlo. Cuando lo llamó al día siguiente, el amigo le dijo:

—Bueno, hice el cálculo y existe solo una posibilidad en once mil de que haya un atentado en tu vuelo.

Nuestro hombre se puso nerviosísimo, diciendo que no quería de ninguna manera correr ese riesgo, y que cancelaría su viaje de inmediato.

Para calmarlo, el amigo le dijo:

—Mira, si quieres te puedo dar una solución para convertir esa posibilidad de una en once mil en una en un millón.

El viajero confesó que una posibilidad en un millón era un riesgo que estaba dispuesto a tomar, y preguntó qué debía hacer para reducir el peligro a ese nivel aceptable. El amigo contestó:

—Es muy simple: te subes al avión cargando una bomba.

A nuestro hombre de negocios esto le pareció totalmente absurdo y ridículo, ya que no veía en qué forma esto solucionaba su problema. A lo cual el amigo contestó:

—¡Te aseguro que solo existe una posibilidad en un millón de que haya dos bombas en tu avión!

Estos ejemplos nos hacen sonreír, pero también deben dejarnos pensativos.

La manía de expresarse en números en vez de utilizar palabras se ha generalizado y extendido a la prensa hablada y escrita. Todo se documenta en términos de porcentajes, y estos pueden ser particularmente engañosos.

En muchos países en vías de desarrollo se cita el alto porcentaje de desocupación. Si bien es verdad que la cantidad de gente sin empleo suele ser muy importante, también es cierto que las cifras manejadas carecen, si no de validez, por lo menos de precisión. En efecto, casi todos los países en vías de desarrollo tienen una importante economía informal, o sea, una parte de su población no registra sus ocupaciones en ninguna oficina del Estado, no documenta sus actividades y no paga impuestos. Por lo tanto, las estadísticas de desempleo se refieren solo a la economía formal, ya que no existen datos concretos respecto a la informal. Esto significa que el verdadero porcentaje de desempleados puede ser menor (o mayor) que el estimado.

Recientemente, una importante fábrica multinacional de un producto de consumo masivo fue acusada de negligencia criminal por no haber revelado a las autoridades competentes que un número de consumidores se había quejado de trastornos estomacales después de haber ingerido su producto. La defensa presentada por la compañía fue que el porcentaje de quejas recibidas era estadísticamente insignificante. ¿Quién puede establecer el nivel de significancia o insignificancia de un porcentaje? Y, ¿quién puede saber cuántos consumidores se enfermaron sin presentar queja, por no haber identificado la fuente de su malestar o por simple inercia?

Para determinar el valor real de un porcentaje, hay que conocer los números absolutos sobre los cuales está basado. Cuando se dice que una empresa, en un año, incrementó su personal en cincuenta por ciento, es indispensable saber si se trata de una empresa que, al inicio de ese ejercicio, tenía cincuenta mil empleados o solo diez. En el primer caso, el aumento implica la contratación de veinticinco mil nuevos empleados, mientras que en el segundo representa un incremento de solo cinco trabajadores. La creación de miles de nuevos empleos puede tener un impacto sobre la economía del país, pero la de cinco no.

Asimismo, una compañía puede jactarse de haber aumentado en 30% sus beneficios netos. Si no sabemos cuáles habían sido sus beneficios el año anterior, no sabemos nada. En efecto, si el resultado del último ejercicio fue de un millón de dólares sobre un capital de diez millones de dólares, esto representa un resultado satisfactorio de 10% sobre el capital, y el aumento de 30% por ciento representa trescientos mil dólares más, o sea, un resultado de 13% sobre el capital. Por otra parte, si sobre el mismo capital el beneficio del año anterior fue de solo cien mil dólares, o sea, 1% del capital, el aumento de 30% es de apenas tres mil dólares o 0,30% del capital, lo que no es satisfactorio.

La obsesión por los porcentajes ha llegado a tal punto que, en Estados Unidos, muchos locutores de radio y de televisión anuncian que *existe un setenta y tres coma treinta y tres por ciento de posibilidades de lluvia para la tarde del día lunes.*

¡Pensamos que sería más que suficiente decir "existen grandes probabilidades de lluvia para el día lunes..."!

Economía informal

La economía informal engloba todas las actividades y todas las operaciones que no se registran en ningún lado y de las cuales, por consiguiente, no existen estadísticas, o, cuando existen, son incluso menos confiables que las publicadas con relación a la economía formal por oficinas del Estado o empresas especializadas.

A la economía informal a veces se la llama también economía paralela, o economía subterránea, aunque esta última denominación se reserva principalmente para las operaciones de naturaleza criminal.

La dimensión de la economía informal está estrechamente relacionada con la importancia de los impuestos a los que la población y las empresas están sujetas, su capacidad de pagarlos y la eficiencia del Estado en cobrarlos.

Impuestos demasiado altos incrementan la tendencia natural de la gente a buscar cómo eludir su pago. Por otra parte, una oficina recaudadora ineficiente, desorganizada o débil no logrará cobrar impuestos, aun cuando estos sean razonables, porque a nadie le gusta que le quiten una parte del fruto de su trabajo.

Finalmente, un gobierno corrupto también tiene dificultades en recolectar impuestos porque, cuando los contribuyentes constatan que el Estado no utiliza los fondos correspondientes para realizar obras en beneficio de la sociedad, sospechan enseguida que alguien se mete la plata en el bolsillo, y eso los incita a evadir su pago. En cuestiones de ética, como en todas las demás, el ejemplo tiene que venir de arriba. Nobleza obliga.

Pero la evasión fiscal no es lo único que contribuye a la formación de una importante economía informal. La pobreza, el desempleo, el bajo nivel de educación y la ignorancia también juegan un papel importante en el desarrollo de la economía paralela. Por esta razón, frecuentemente son los países menos desarrollados los que tienen las economías informales más grandes y, por ende, las peores estadísticas en torno a aspectos económicos.

Desgraciadamente, dentro del término genérico de "economía informal" deben incluirse también todas las actividades y las transacciones ilegales o criminales que forman la economía subterránea. La venta de drogas, el lavado de dinero, el comercio ilegal de armas, los sobornos, las coimas, la compra de votos, el contrabando y el chantaje, entre otras actividades, evidentemente no se registran ni se declaran, pero constituyen a veces una parte sustancial de la economía informal.

La economía informal también está sujeta a algunas leyes de la economía formal, por ejemplo, la ley de la oferta y la demanda. Pero, por falta de suficiente información, es difícil estudiar su comportamiento o conocer la real influencia o el peso de estas áreas de actividad informales sobre la situación económica global de un país.

Economía y corrupción

Otra de las razones por las cuales teorías, planes y medidas económicas no logran siempre los resultados esperados es que los que los emiten rara vez toman en cuenta el efecto distorsivo que la corrupción ejerce sobre ellos. Y como, lamentablemente, la corrupción es tan generalizada en todo el mundo, sobre todo entre gobernantes y políticos, los economistas viven frustrados y los ciudadanos, decepcionados.

El capitalismo, de por sí, tiende a la polarización de la riqueza, y si se le agrega la corrupción, esa tendencia se acentúa: el dinero se concentra en manos de unos pocos, y rara vez llega a su supuesto destino final. Los fondos que el gobierno aparta (en el presupuesto nacional) para mejorar las escuelas y los hospitales se utilizan para embellecer casas particulares, comprar armas para defender al país contra un riesgo de guerra inexistente o, si el país es democrático, comprar votos para las próximas elecciones. Por falta de un control adecuado, los préstamos o las donaciones internacionales a los países en vías de desarrollo se esfuman como por arte de magia, debido a un manejo corrupto o inepto de los fondos correspondientes. La malversación es la mayor causa del estrepitoso fracaso de algunos proyectos bien intencionados de ayuda o de financiación a países pobres.

A este respecto compartimos, como ejemplo, el siguiente relato (no importa si verdadero o inventado).

Un señor se presenta en las cajas de un banco en el exterior y, dirigiéndose a un empleado, le dice:

—¡Soy el primer ministro de Castelandia, y le ruego me entregue inmediatamente la lista de todos los ciudadanos de mi país que tienen una cuenta en su banco!

El empleado le contesta amablemente que el banco se siente honrado con su visita, pero que, por desgracia, no le puede entregar esa lista porque se trata de una información confidencial. Nuestro visitante replica:

—Mire usted, no solo soy el primer ministro, sino que traigo una carta de vuestro embajador en Castelandia que les pide concederme vuestro total apoyo y colaboración. ¡Así que por favor entrégueme esa lista ya mismo!

El joven bancario le contesta que informará de inmediato al gerente general de su presencia, y que seguramente este deseará recibirlo en su oficina, pero, muy a pesar suyo, no puede proveerle la lista solicitada.

El ministro se enoja y sale del banco como una tromba. Al rato vuelve vestido de general, con muchas condecoraciones en la pechera del uniforme, y exclama:

—Sepa, señor, que también soy el general en jefe de las Fuerzas Armadas de Castelandia. ¡Le ordeno que me dé sin más demora la lista que le pedí!

El empleado contesta que, vista la importancia de su presencia en el banco y en el país, el gerente no solo querrá recibirlo, sino que seguramente deseará invitarlo a almorzar. Pero que no puede entregarle ninguna lista. El general pierde los estribos, saca su revólver y, amenazando al empleado, le dice que si no le da la información solicitada lo va a matar sin más trámite.

Nuestro asustado empleado hace valer que tiene mujer e hijos que dependen totalmente de él, que sería injusto matarlo por cumplir con un reglamento del cual no es responsable, que es demasiado joven para morir y que hará cualquier cosa que el general le pida... excepto entregarle la lista que solicita. El general, exasperado, agrega:

—¿Pero te das cuenta de que te voy a matar? ¿Te das cuenta de eso y aun así no quieres darme la información que te pido?

A lo que nuestro empleado contesta que, efectivamente, sabe que va a morir, pero no puede darle los nombres de sus conciudadanos.

De pronto, el general se apacigua, y le dice en voz baja:

—Bueno, entonces, ¿me puedes abrir una cuentita?

Desafortunadamente, el mal ejemplo dado por algunos gobernantes suele filtrarse hacia todos los niveles de la sociedad. Los participantes en proyectos destinados a mejorar la situación económica de un país suelen estar más preocupados por obtener un beneficio personal que por el éxito de su misión.

Otro cuento, probablemente inventado, pero que ilustra bien la corrupción empresarial, es el siguiente:

Dos ingenieros de distintos países se encuentran en asientos contiguos en un avión. Entablan una amena conversación y simpatizan. Antes del aterrizaje, intercambian tarjetas personales y se invitan mutuamente a visitarse en sus respectivos países, cuando se presente la oportunidad.

Unos meses más tarde, uno de ellos visita el país del otro y, disponiendo de algún tiempo libre, llama a su nuevo amigo, quien le propone cenar en su casa. El recién llegado se sorprende por lo lujosa que es la residencia de su anfitrión y, con cierta falta de tacto, le pregunta cómo logra ganar lo suficiente para mantener ese tren de vida. El dueño de casa lo lleva hacia la ventana y le muestra un puente recién construido sobre el río. Dice:

—¿Ve ese puente? Costó diez millones. ¡Yo me quedé con el 10%!

Pasan unos meses y, por coincidencia, el ingeniero que hizo el comentario respecto del puente le devuelve la visita a su huésped. Este, ante la sorpresa del visitante, lo recibe en un verdadero palacio. Al ver cuánto más grande y lujosa que la suya es la casa de su amigo, el invitado también le pregunta de dónde provienen los ingresos que le permiten tal demostración de riqueza. Su anfitrión, acercándose a la ventana y levantando la cortina, le dice:

—¿Ves aquella nueva carretera?

Y, al recibir como respuesta un rotundo "¡No, no veo nada!", confiesa:

—¡Pues claro! La obra iba a costar veinte millones, ¡pero pude quedarme con todo!

Finalmente, hay que aclarar que las leyes rara vez impiden que haya corrupción, y a veces, hasta la facilitan. Existen personas hábiles e inescrupulosas que utilizan y aprovechan fallas, debilidades o ambigüedades de las leyes para cometer actos deshonestos al amparo de ellas. En Estados Unidos, por ejemplo, el concepto de la "responsabilidad" de uno hacia terceros es llevado a un punto tal de exageración que permite estafas legales. Pretendidas víctimas y personas mal intencionadas inician, por cualquier razón, pleitos por sumas fabulosas contra sus médicos, sus gerentes o sus vecinos, por perjuicios supuestamente sufridos a causa de alguna acción de estos. Lo peor es que frecuentemente los ganan.

El bien intencionado y amable dueño de una fábrica de zapatos acostumbraba organizar para sus empleados una pequeña fiesta de fin de año en los locales de la compañía, durante la cual se servían entremeses, refrescos y algún vino. Una de las secretarias de la empresa, en vez de servirse una copa de vino, tuvo la falta de tino de tomarse cuatro o cinco vasos. En el camino de regreso a su casa sufrió un pequeño accidente automovilístico sin mayores consecuencias. Sin embargo, no quiso reconocer su propia responsabilidad en el asunto y consideró que la compañía era culpable por el solo hecho de haber servido vino. Inició un pleito contra la empresa por una suma totalmente fuera de proporción con el accidente que había tenido. A pesar de esto, ganó el pleito y la compañía ni siquiera pudo despedirla.

La burocracia

Originalmente, la burocracia era una forma de administración gubernamental por medio de una serie de oficinas (en francés: *bureaux*), a cada una de las cuales se le asignaba una responsabilidad específica.

Por extensión, el término pasó a designar cualquier forma de administración (pública o privada) cuyas principales características son la falta de flexibilidad e imaginación, el pesado y tedioso manejo de sus operaciones, un exceso de tramitación y papeleo y, en general, la poca motivación y el escaso interés demostrados por el personal hacia su trabajo.

Un exceso de burocracia puede minar la eficiencia y el crecimiento de una empresa y, si se generaliza, puede llegar a paralizar la economía. Es una enfermedad capaz de convertirse rápidamente en una epidemia cuando los gobernantes de un país o los directivos de compañías no toman suficientemente en cuenta ni hacen lo necesario para contrarrestar algunas tendencias naturales del ser humano, como ser: egoísmo, pereza y temor a asumir responsabilidades.

Si bien los países de economía dirigida y las empresas estatales son los que más sufren los efectos de la burocracia, ni los países capitalistas ni las empresas privadas son inmunes a ella.

Los factores que favorecen la burocracia son principalmente:

- La falta de incentivos pecuniarios directos o indirectos (promociones) que son imprescindibles en toda empresa.

- Leyes o reglamentaciones que no permiten a las empresas despedir personal, ni por razones económicas de fuerza mayor, ni por trabajo insatisfactorio (es triste constatar que un trabajador que se sabe invulnerable, o sea, que no perderá su empleo bajo ninguna circunstancia, suele no esmerarse en sus tareas).

- La poca identificación del personal con la empresa (lo que impide la formación de un espíritu de equipo, o, como se dice en el fútbol, de "jugar por la camiseta").

- La excesiva compartimentación en las empresas, que dificulta la comunicación entre los empleados y ocasiona que la mano derecha no sepa lo que hace la izquierda.

- Una exagerada precisión en la asignación de funciones y responsabilidades, que limita las iniciativas personales y obliga a los empleados a trabajar estrictamente en el cuadro de un programa, haciéndoles parecer más computadoras que personas pensantes.

De ahí que las frases más oídas en una organización burocrática son: "¡Siempre se hizo así!", "¡Esta responsabilidad no es mía!", "No sabría decirle...", y la famosa "¡No puedo, se cayó el sistema!" (de la computadora).

La economía y la verdad universal

La economía no es una ciencia exacta. En realidad, ninguna ciencia lo es, porque a medida que crecen nuestros conocimientos se nos hace cada vez más claro que no existen verdades absolutas. Con la experiencia aprendemos que no hay nada más inútil que tener razón, ni tan pernicioso como querer tenerla. Así nacen la intolerancia, el racismo y las guerras de religión (entre otras calamidades).

Uno se pregunta por qué es tan común querer aplicar las mismas teorías y políticas económicas a países muy diferentes, y en circunstancias totalmente disímiles. Distintos enfermos necesitan diferentes medicinas. Una política económica puede ser apropiada para un país con alto grado de educación y bajo nivel de pobreza, y no servir para un país en el cual un alto porcentaje de la población es sumamente pobre (o pasa hambre) y es analfabeto. La misma política económica puede dar resultados excelentes en el primer país y catastróficos en el segundo. Esto no demuestra que una política es mala, ni que las teorías sobre las que se basa son falsas. Solo prueba que la eficacia de una política no es universal, y que la verdad de una teoría es siempre relativa.

Cuando en algunos países una política económica fracasó, un nuevo gobierno suele cambiarla drásticamente, adoptando a veces una política prácticamente opuesta a la anterior. Así hemos visto que los países comunistas, que tenían una economía totalmente centralizada y controlada por el Estado, adoptaron el liberalismo económico característico de los países capitalistas. En estos casos de cambios radicales, algunos economistas sostienen que lo mejor es aplicar un tratamiento de "shock", o sea, efectuar los cambios necesarios todos juntos y rápidamente. Otros piensan que para tener éxito y consolidar los cambios es mejor que estos sean más lentos y progresivos.

Por los resultados obtenidos hasta ahora, podemos decir que ambos tratamientos han tenido éxitos y fracasos. Es cierto que los cambios graduales toman tiempo, prolongan la enfermedad y desgastan la energía del enfermo y la del médico. Pero la cura por el sistema de "shock", si bien puede resultar más efectiva, también puede matar al paciente.

La economía y lo imprevisible

Finalmente, las teorías económicas y los economistas no toman en suficiente consideración lo imprevisible. Muchas de sus predicciones están basadas en un cálculo de probabilidades y dependen de que ocurran ciertos acontecimientos y se produzcan ciertas reacciones a esas circunstancias. Sin embargo, sería útil establecer también un cálculo de improbabilidades, ya que las cosas poco previsibles, o aun las consideradas imposibles, suceden con mucha más frecuencia de lo que uno imagina. Lo improbable ocurre a cada rato y desbarata con total desfachatez las teorías mejor elaboradas y las predicciones más lógicas. Es que la tarea principal de los economistas no es analizar el pasado, sino prever el futuro. Desgraciadamente para ellos, la visión correcta del futuro a menudo se basa más en la intuición que en el razonamiento. Además, los conocimientos económicos provienen sobre todo de experiencias y crisis pasadas. Si bien es cierto que en la economía (especialmente en la capitalista) existen ciclos durante los cuales ciertos fenómenos se repiten, estos ciclos tienen características comunes pero nunca son idénticos.

En un mundo en que el análisis del pasado debería, teóricamente, permitir predecir el futuro, los sucesos improbables son como mutaciones que destruyen las conclusiones más racionales, y desconciertan a los estudiosos.

Por otra parte, desarrollos vertiginosos, como el de las nuevas tecnologías en el campo de las comunicaciones, tienen efectos imprevistos e imprevisibles sobre todas las áreas de la actividad humana y, obviamente, sobre la economía.

No siempre se practica lo que se predica

Finalmente, debemos aclarar que, si algunas políticas económicas fracasan, es porque las que se proclaman no siempre se practican. Es raro que un ministro de Economía goce de total independencia y pueda implementar medidas que se aparten de la política gubernamental, o de medidas basadas en manifestaciones hechas por estadistas debidas a razones de imagen, sin la menor intención de ponerlas en práctica. Es así como varios países defienden ruidosamente el libre comercio mientras aplican medidas proteccionistas que favorecen a sus productores y son discriminatorias para los otros países.

También suelen aplicarse diferentes criterios en las relaciones comerciales con terceros. Los principios del libre comercio se mantienen para países amigos o estratégicamente importantes, y se ignoran con relación a otras naciones que quizás necesitan más angustiosamente su aplicación, en vista de su situación económica precaria. En otras palabras, la política impone razones que la economía ignora.

Lo que no se dice

Si el público en general no logra entender los acontecimientos económicos, ni las decisiones que se toman respecto de ellos, es porque no se le provee más que explicaciones parciales.

Cuando en Estados Unidos alguien pregunta por qué la Reserva Federal se empecina en mantener las tasas de interés muy bajas, se le dice que es para facilitar el acceso al crédito, mejorar la liquidez del mercado y de ese modo reactivar la economía. Todo lo cual es parcialmente cierto. Pero no se le explica que la razón principal es que, siendo los Estados Unidos el mayor deudor internacional, una tasa de interés más alta aumentaría aún más su déficit presupuestario.

Por otra parte, cuando cualquier persona pregunta por qué China mantiene su moneda pegada al dólar y rehúsa revaluarla, como se lo piden los Estados Unidos y los países de la Unión Europea, se le dice que es para favorecer sus exportaciones. Lo cual es parcialmente cierto. Pero los chinos tampoco confiesan que, siendo a nivel internacional el país que posee más activos en dólares estadounidenses, revaluar su moneda implicaría confesar la tremenda pérdida cambiaria que le produce esa tenencia.

CAPÍTULO IX

EL MANEJO DE LO QUE TENEMOS
Y LO QUE DEBEMOS

Cada uno de nosotros maneja sus finanzas como mejor le parece. Ahorramos, invertimos, nos endeudamos. Somos conservadores o especuladores. Si tenemos buen criterio nos va bien, y si tenemos mal criterio nos suele ir mal. Sin embargo, a veces sucede lo contrario, porque ocurren acontecimientos imprevisibles que cambian radicalmente las consecuencias, presuntamente lógicas, de nuestras acciones o decisiones. Algunas personas creen saberlo todo, ser más astutas que los demás, y, por consiguiente, se sienten calificadas para manejar sus finanzas personalmente. Otros, más modestos o con menos tiempo disponible, confían esa gestión a financistas profesionales.

Uno tendería a pensar que nuestras decisiones o iniciativas financieras individuales tienen poca importancia para la buena o mala marcha de la economía global del país. Es cierto, pero, desgraciadamente, nuestras decisiones son mucho menos individuales de lo que parecen. A sabiendas, o sin saberlo, en materia de finanzas personales, como en todo lo demás, solemos seguir la corriente o la moda del momento. Y cuando mucha gente toma simultáneamente decisiones similares, entre todos pueden cambiar en forma drástica la fisonomía de la economía, para bien o para mal, con razón o sin razón.

El ahorro

Cuando hablamos de nuestros ahorros, nos referimos generalmente a la parte del dinero que hemos ganado y no queremos gastar, la que guardamos en reserva, por precaución, para posibles emergencias o para gastos futuros previsibles, como los estudios de nuestros hijos. Acostumbramos guardar ese dinero en un lugar seguro, para no perderlo y evitar que nos lo roben. Por eso, ya no lo ponemos debajo del colchón, sino que lo depositamos en una cuenta bancaria, preferentemente en una cuenta de ahorro. Para hacerlo, buscamos un banco de buena reputación y reconocida solidez. Porque, a través de los tiempos, hemos visto muchos bancos quebrar. En vista de ello, en algunos países, con el fin de proteger a los pequeños ahorristas, el Estado garantiza los depósitos bancarios de menor cuantía.

El ahorro es considerado una virtud. Se cree que una economía con alta tasa de ahorro es menos vulnerable que una economía con baja tasa de ahorro. Esto es porque el ahorro refleja una mentalidad pública prudente, que tiene una influencia estabilizadora sobre la economía global del país. Sin embargo, como siempre, todo es relativo. El exceso de ahorro, como todos los excesos, puede ser perjudicial porque limita el consumo, del que dependen en gran parte el crecimiento y el desarrollo de la economía. Además, si un ahorro limitado responde a la prudencia, un ahorro excesivo puede responder al miedo: el temor a una posible recesión, por ejemplo. Este temor, si se generaliza, puede llegar a originar por sí mismo la recesión temida o, por lo menos, acelerarla o acentuarla.

Las inversiones

Las inversiones pueden ser consideradas una forma de ahorro, porque el dinero invertido es dinero que no se gasta y que, como los ahorros, limita el consumo. Pero, a diferencia del ahorro clásico, una inversión involucra, en menor o mayor grado, un riesgo. El que invierte, más que conservar su dinero, quiere incrementarlo. El dinero ahorrado proviene del trabajo, mientras que el dinero ganado sobre una inversión proviene del dinero.

En un país de economía sana, la inversión que más se parece al ahorro es la que se hace en bonos del Estado o de empresas muy sólidas, porque producen intereses a una tasa fija y, estando respaldados por el Estado o por compañías consideradas de primer orden, presentan poco riesgo. Sin embargo, cualquier bono puede producir una pérdida, ya que, cuando los intereses en el mercado del dinero suben por encima de los intereses pagados por los bonos, el valor de estos baja.

Asimismo, una inversión puede ser la compra de acciones que representan una fracción del capital de una empresa, o puede ser también la adquisición de un terreno, de una casa o de un departamento (con la intención de revenderlos, no de vivir en ellos).

Los fondos mutuos

Se solía considerar que las inversiones eran solo para personas pudientes, ya que los pequeños ahorristas no podían permitirse el lujo de arriesgar una parte de su capital y, de todos modos, la modestia de sus recursos se lo impedía.

Sin embargo, para esos pequeños ahorristas, la creación de fondos mutuos de inversión cambió radicalmente el panorama. Estos fondos realizan compras masivas de valores y, gracias a la sofisticación de sus programas de computación, los pueden ofrecer al público (a bajo costo administrativo) en forma de participaciones (de todo tamaño, incluso muy pequeñas) en su cartera diversificada. Así, como por arte de magia, pequeños ahorristas se transforman de la noche a la mañana en pequeños inversores.

En Estados Unidos, esta nueva situación tuvo una enorme repercusión sobre la economía, al provocar una fuerte (y, a veces, injustificada) alza del precio de las acciones en las bolsas de valores. En efecto, un gran número de personas, que en tiempos pasados se hubiesen limitado a mantener sus ahorros en cuentas bancarias, los invirtieron, a través de los fondos mutuos, en la compra de acciones. En otras palabras, de repente se produjo un fuerte aumento del dinero disponible para comprar acciones, sin que la cantidad de acciones disponibles variase significativamente. Como era de esperarse, esto provocó una fuerte suba del precio de las acciones, pero esta suba no se produjo a raíz de perspectivas de mayores ganancias por parte de las empresas que las habían emitido, ni de mejores dividendos sobre las mismas, sino solo por la inexorable ley de la oferta y la demanda (más dinero produce más demanda). Como vemos, esta ley siempre funciona, aunque, a veces, por las razones equivocadas.

Las bolsas de valores

Las bolsas de valores son organizaciones que proveen un mercado centralizado y reglamentado para la negociación de valores (esencialmente, acciones y bonos). Hace años, las empresas y ricos inversores individuales que deseaban colocar parte de sus fondos líquidos en acciones o bonos para obtener más dinero de su dinero, eran los principales participantes en los negocios hechos en las bolsas. Hacían sus operaciones, y las siguen haciendo, a través de corredores de bolsa, que son intermediarios autorizados a operar en estas instituciones por cuenta de terceros (por lo cual cobran una comisión preestablecida). Hoy, sin embargo, los más grandes inversores son los fondos mutuos, las sociedades de seguros y los fondos de pensión, que llamamos "inversores institucionales". Las subas y bajas de los precios de las acciones dependen cada vez más de las operaciones masivas que realizan en las bolsas estas grandes empresas y, frente a ellas, el pequeño inversor se siente cada vez más indefenso y sin control sobre el destino de su inversión.

Como hemos visto, cuando existe más demanda que oferta por acciones, el precio de estas se infla y a veces se produce, sin razón aparente, algo similar a una burbuja. Esto es peligroso para la economía porque puede crear inflación o, al estallar la burbuja, una recesión.

Se puede invertir comprando acciones ya en circulación (en lo que se llama el mercado secundario) o acciones nuevas que una compañía emite para incrementar su capital, a fin de, por ejemplo, crecer y aumentar su producción. Por lo tanto, esta última es un tipo de inversión que tiende a favorecer el desarrollo de la economía. Por el contrario, el traspaso de acciones ya existentes de un inversor a otro no mejora ni empeora la situación económica.

Acciones y bonos

Es cierto que tanto las acciones como los bonos son valores. Pero el hecho de ser valores no los hace idénticos, ni siquiera parecidos. Dos series de acciones emitidas casi simultáneamente por una misma compañía pueden ser consideradas gemelas, pero una emisión de acciones y otra de bonos, en el mejor de los casos, solo podrán ser mellizas, pues aun emitidas al mismo tiempo por la misma empresa, no se parecerán en nada. Es que las acciones son certificados de propiedad. El accionista, o sea, el tenedor de acciones, independientemente de que las haya conseguido suscribiéndolas en el momento de su emisión o comprándolas en el mercado secundario (bolsa de valores), es el propietario de una parte de la sociedad que las emitió.

Los bonos, por el contrario, son un reconocimiento de deuda de la compañía que las emite. El tenedor de bonos es acreedor de esa sociedad.

En otras palabras, el tenedor de acciones está invirtiendo dinero en la empresa, mientras que el tenedor de bonos le está prestando dinero.

El valor de las acciones suele fluctuar mucho más que el de los bonos y, por consiguiente, una inversión en acciones es considerada más especulativa y más riesgosa que una colocación de fondos en bonos. Esto se debe principalmente a que el rendimiento de las acciones varía mucho más que el de los bonos. Es que el eventual beneficio o pérdida que el inversor puede obtener de sus acciones depende de la utilidad (o la pérdida) que tenga la sociedad, los dividendos que distribuye a sus accionistas (o sea, la parte de sus utilidades que entrega a sus dueños), su capitalización (o sea, la parte de los beneficios que no distribuye pero utiliza para aumentar sus recursos propios), y el aumento o la disminución de su precio en la bolsa.

El valor de los bonos depende mucho menos de los resultados de la compañía que los emite (a menos que la situación de esta sea realmente mala y pueda temerse su bancarrota). En general, los bonos pagan intereses a una tasa fija sobre su valor nominal. Dicho valor nominal es el que aparece en el título. Su valor real fluctúa sobre todo con relación a la evolución de las tasas de interés que existen en un momento dado en el mercado de dinero. Si un bono de 100 dólares paga 5% de interés, y los intereses en el mercado son también de aproximadamente 5%, el bono mantendrá un valor real igual a su valor nominal y su rendimiento real seguirá siendo de 5%. Pero si los intereses en la plaza suben al 7%, el valor de mercado del bono tenderá a bajar porque se considerará que el interés de 5% que paga es inferior al que se podría obtener en otros tipos de colocaciones (depósitos bancarios a plazo fijo, por ejemplo). Si, por el contrario, los intereses en el mercado bajan a 3%, el valor de los bonos aumentará, porque su rendimiento de 5% será mejor que el que se pueda obtener en otras colocaciones.

Compañías de seguros

Desastres naturales o diversos tipos de accidentes pueden afectar negativamente a una persona, una familia, una ciudad o una nación, por más previsoras que sean. Por eso fueron inventadas las compañías de seguros, cuya actividad, si es realizada con seriedad, es estabilizadora para la economía de un país. Las compañías de seguros cobran dinero en cuotas de todos sus clientes asegurados, y pagan solo a los clientes que han sufrido daños. Para no perder recursos, deben tener más entradas de dinero que salidas. Las entradas pueden establecerse con relativa facilidad, pero las salidas son difíciles de prever. Por consiguiente, estas sociedades desarrollan su actividad basándose sobre todo en promedios y cálculos de probabilidad. En realidad, los asegurados que tienen la suerte de no sufrir accidentes son los que pagan indirectamente el costo de los accidentes sufridos por otros. Casi todo el mundo contrata algún seguro, porque nadie sabe de antemano si estará entre los que pagaron por los demás o entre los que reciben una compensación gracias a ellos. Hay compañías de seguros médicos, de seguros de vida, de accidentes automovilísticos, de robo, de incendio, de terremoto, de huracanes. Las compañías pequeñas o muy especializadas, para reducir su riesgo, suelen "reasegurarse" con compañías más grandes o más diversificadas. De todos modos, como pueden ser llamadas a hacer pagos muy importantes en cualquier momento (como en casos de terremotos, huracanes o epidemias), necesitan mantener grandes cantidades de dinero líquido. Por eso, como hemos visto, son importantes inversores institucionales, y sus compras o ventas masivas de bonos o acciones tienen una fuerte influencia en los movimientos de las bolsas de valores.

Hay compañías de seguros privadas y estatales. Frecuentemente, las compañías estatales deben asegurar aspectos que las sociedades privadas no quieren cubrir, por considerarlos demasiado riesgosos.

A veces, las políticas que practican las compañías de seguros son difíciles de comprender por el común de los mortales. Las cuotas que cobran por riesgos de huracán, por ejemplo, son razonables mientras no se produzca un huracán, pero suben de manera vertiginosa inmediatamente después de que un fenómeno de este tipo ocurre. Sería más lógico el proceso inverso. Las cuotas a pagar por los asegurados deberían ser más altas cuando pasó mucho tiempo desde el último huracán y deberían reducirse inmediatamente después de que uno tuvo lugar. En efecto, por la ley de probabilidades, no es presumible que se produzcan dos huracanes seguidos, mientras que las posibilidades de un nuevo huracán van creciendo a medida que pasa el tiempo.

Es extraño que, entre las numerosas estadísticas que se establecen, y en los multitudinarios estudios que se publican sobre distintos aspectos de la economía de diferentes países, no parece tomarse en cuenta la importancia del porcentaje de personas o familias debidamente aseguradas contra la mayoría de los riesgos más importantes de la vida (con la excepción, quizás, del riesgo que representa el retiro obligatorio y su cobertura por distintos tipos de fondos de pensión). En efecto, en una economía fuerte y sana, debe esperarse que una porción importante de la población esté debidamente asegurada. Por el contrario, un bajo nivel de aseguramiento debería ser uno de los muchos síntomas reveladores de una economía subdesarrollada o en crisis. Por otra parte, un alto porcentaje de personas o empresas adecuadamente aseguradas beneficia la economía y disminuye la intensidad de sus crisis cuando estas se producen.

Fondos de pensión

Existe una gran variedad de fondos de pensión. Originalmente, la mayoría eran estatales; sobre todo (pero no exclusivamente) en los países de tendencia socialista. Se consideraba que el sector de la población que, por razones de edad o incapacidad, no podía trabajar, constituía un problema de carácter social que debía ser resuelto por la función pública y financiado con los impuestos abonados por el resto de la población.

Sin embargo, en los últimos tiempos existe una tendencia hacia la privatización de los fondos de pensión. Las razones que se invocan para esto son varias. La primera es de carácter puramente político. Los regímenes liberales creen, frecuentemente con razón, en la mayor eficiencia de las empresas privadas. La segunda es de carácter más filosófico: se considera que tanto las empresas como los trabajadores deben mostrarse más responsables y asumir una mayor participación en la solución de los problemas vinculados a la jubilación. La tercera, y probablemente la principal, es de carácter netamente económico. Los progresos tecnológicos en el campo de la producción de bienes en general y los adelantos médicos en materia de salud han provocado dos situaciones explosivas, con consecuencias contradictorias. Un mayor desempleo debería provocar el retiro prematuro, o más temprano, de trabajadores, mientras que el incremento de la longevidad y el consecuente envejecimiento de la población justificaría, por el contrario, un retiro más tardío. Lo que surge claramente de esto es que el número de jubilados crecerá rápidamente en el futuro cercano. Por eso, aunque los gobiernos invoquen sobre todo razones políticas y filosóficas a favor de la privatización de los fondos de pensión, parece más probable que por falta de visión y de previsión se encuentren con una bomba de tiempo entre las manos, de la cual es lógico que quieran deshacerse lo más rápidamente posible. Es que el excedente de dinero disponible para hacer frente al pago de las pensiones se convertirá rápidamente en un déficit que obligará a los gobiernos a un importante incremento de los impuestos o a una reducción o una eliminación de las pensiones estatales.

Especulación

La especulación se distingue de la simple inversión en que la segunda suele hacerse para obtener un incremento satisfactorio del dinero invertido a mediano o largo plazo, mientras que la primera se hace en busca de una ganancia rápida y sobre la base de informaciones o suposiciones bien o mal fundadas. No hay actividad más inútil, e incluso perjudicial, para la economía. Sin embargo, debe hacerse una distinción entre la especulación individual y la especulación colectiva. Un individuo generalmente toma sus buenas o malas decisiones basándose en un análisis de situaciones y circunstancias (o sobre el consejo de su corredor de bolsa).

Esas decisiones solo son peligrosas para él y solo lo afectan a título personal. La especulación colectiva, por su parte, es a menudo causada por un acontecimiento ampliamente publicitado que provoca entusiasmo o pánico. Justificada o no, es muy peligrosa, porque puede crear auges totalmente artificiales o estampidas incontrolables. Un gran número de especuladores, actuando todos juntos, puede convertirse en algo terriblemente destructivo y desestabilizador.

Los gobiernos suelen achacar sus problemas económicos a la especulación. En la mayoría de los casos, sin embargo, como en el de las compras masivas de divisas extranjeras, la especulación es provocada por la mala situación económica existente en el país, y no al revés.

Endeudamiento

La concesión y la utilización razonable del crédito favorece el desarrollo de la economía, ya que aumenta la circulación del dinero, las compras del consumidor y el beneficio del productor.

Sin embargo, endeudarse también es jugar con la máquina del tiempo. Es comprar el futuro o postergar el presente.

Si una persona desea adquirir un auto, pero sus ahorros no le alcanzan para pagarlo, puede esperar y ahorrar unos meses o unos años más, o puede recurrir al crédito para poder comprarlo ya. Al utilizar un préstamo está *comprando el futuro* (y quizás también hipotecándolo). Si puede contar con unas entradas estables de dinero, que le permitirán pagar las cuotas sin mayor dificultad, y en realidad necesita el auto, su decisión es buena. Si, por el contrario, sus entradas futuras no son seguras, y solo quiere el auto para lucirlo ante los vecinos, su decisión es mala y arriesgada. Lo oportuno o inoportuno de una compra a crédito depende también de la situación económica del país donde se vive y de las condiciones en las que se puede obtener el crédito. Si una persona consigue un crédito a interés fijo en un país sujeto a una fuerte inflación, su decisión de comprar el auto enseguida puede ser excelente, ya que al disminuir constantemente el valor de la moneda nacional, y al aumentar las tasas de interés, si no lo compra de inmediato, es probable que nunca logre adquirirlo.

Por cierto, desde el tiempo en que se inventó el crédito, se crearon decenas de formas, cada vez más sofisticadas, de otorgarlo y obtenerlo.

Hoy se pueden comprar todos los artículos de consumo con tarjetas de crédito; los bienes durables, como televisores, heladeras y autos, con un arrendamiento financiero (*leasing*), y un departamento o una casa con un préstamo hipotecario.

Desgraciadamente, este invento genial, que ha permitido un desarrollo espectacular del comercio y de la sociedad, no ha sido siempre usado con buen criterio. Algunas operaciones de crédito fueron poco o mal analizadas; algunos créditos, concedidos equivocadamente por instituciones financieras o mal utilizados por sus beneficiarios. Es así cómo, en épocas de recesión, se han multiplicado los deudores morosos y la quiebra de bancos. En tiempos de auge económico todos los créditos parecen buenos, pero apenas llega una crisis, se descubre que no es así. Nada puede beneficiar tanto a la economía como créditos juiciosamente otorgados, ni perjudicarla tanto como cuando los préstamos son concedidos en exceso y sin prudencia.

La peor utilización del crédito es la que se concreta para fines especulativos. Una hipoteca que sirve para permitir la adquisición de una vivienda es una operación lógica. Pero hipotecar la casa en la que se vive para especular en la bolsa de valores es una locura.

Cuando en un país gran parte de la población muestra un alto grado de endeudamiento, la economía es muy vulnerable en caso de recesión.

CAPÍTULO X

OPERACIONES INTERNACIONALES LÍCITAS E ILÍCITAS

Transferencias internacionales

En un mundo moderno globalizado, realizar una transferencia internacional es mover dinero de un país a otro sin trasladarlo o, por lo menos, sin cargarlo, sin embarcarlo, sin que se pierdan monedas ni tiempo por el camino. El dinero está aquí... no, está allá... mentira, ya se fue a otro lado, y de ahí volvió, pero no se quedó e, inquieto, voló a un lugar lejano. Lejano para nosotros, no para él, porque viaja mucho más rápido que nosotros, y nos cuesta seguirle el paso.

La movilidad del dinero facilita el comercio entre todas las naciones del mundo, así como las operaciones financieras entre distintos países. Un holandés, en vez de invertir dinero en el cultivo de tulipanes, puede hacerlo para explotar una mina de cobre en el Perú. Un chileno puede comprar una estancia en la Argentina. Un estadounidense puede invertir dinero en México mediante el establecimiento en ese país de una maquiladora (empresa que, generalmente, efectúa importaciones de mercaderías o productos semiterminados que utiliza para la fabricación de bienes destinados a ser reexportados con valor agregado).

Pero esta movilidad también puede desestabilizar a las economías que afecta. Un país del que huye masivamente capital puede sufrir una tremenda iliquidez por excesiva salida de dinero, mientras que otro país que recibe grandes cantidades de fondos del exterior puede ver su economía excesivamente líquida e iniciar un proceso inflacionario como consecuencia de ello. Por otra parte, un país que se financia a ultranza en el exterior puede encontrarse ante la imposibilidad de hacer frente a sus deudas, a sus respectivos vencimientos, y tener que declararse en moratoria, o sea, en bancarrota.

Existen dos tipos de transferencias: las legales y las ilegales. Pero, contrariamente a lo que se podría pensar, la calificación de "ilegales" no se aplica principalmente a las transferencias que se hacen para lavar dinero, ya que, en ese caso, las ilegales no son ellas "per se", sino las operaciones que produjeron el dinero transferido. Las transferencias ilegales son sobre todo las que se efectúan desde algunos países con economías dirigidas que prohíben las remesas de dinero al exterior, las someten a limitaciones o exigen la obtención de una autorización previa para realizarlas. En esos países, estas transferencias suelen efectuarse por intermedio de un mercado negro que, como su nombre lo indica, es ilegal. Sin embargo, las transferencias de fondos desde un país a otro pueden ser ilegales en el país donde se originan y no serlo en el país que las recibe. Por el contrario, las que se efectúan para lavar dinero proveniente del tráfico de drogas, de organizaciones terroristas o de estadistas deshonestos, suelen ser ilegales en ambos lados de la operación.

Entre las transferencias legales, las más numerosas son las de naturaleza comercial, o sea, las que corresponden al pago de importaciones. También son importantes las transferencias por concepto de inversiones internacionales y, aunque menores en montos individuales, son también de mucho volumen global las efectuadas como remesas familiares (por el creciente número de inmigrantes). En cuanto al dinero que cruza fronteras por razones de turismo, lo hace principalmente mediante la utilización de tarjetas de crédito y el transporte físico de cierta cantidad de billetes de banco en las carteras de los viajeros.

De las transferencias ilegales, o sea, las que se efectúan por un mercado negro en el país de origen, es probable que las más numerosas correspondan todavía a dinero legítimo que sus dueños quieren poner al abrigo de crisis económicas o políticas en sus países, para evitar las consecuencias de procesos inflacionarios y devaluaciones de la moneda nacional. Son asimismo abundantes, claro está, las transferencias que se efectúan para evitar el pago de impuestos locales, las que suelen ser dirigidas hacia los llamados "paraísos fiscales", o países en los que no existen gravámenes impositivos, o donde los mismos son muy inferiores a los existentes en las naciones de origen de los fondos.

Blanqueo

Contrariamente a lo que se podría pensar, blanqueo de dinero no es lo mismo que lavado de dinero. Porque, si bien se puede considerar amoral, el blanqueo es legal, mientras que el lavado es ilegal. El blanqueo es una medida tomada por el gobierno, generalmente por razones económicas, mientras que el lavado es un proceso utilizado por mafiosos por razones delictivas.

Cuando un país sufre de iliquidez por excesiva transferencia de fondos al exterior, y el presupuesto nacional es ampliamente deficitario por la imposibilidad de cobrar impuestos sobre dichos fondos, el gobierno recurre a veces a un blanqueo de capitales. Esto consiste en emitir una ley de amnistía para que los fondos regresen al país dentro de un plazo predeterminado.

Se presume que muchos ciudadanos que tienen dinero escondido fuera del país lo regresarán para regularizar su situación y para poder utilizar ese dinero en sus negocios locales, sin tener que pagar multas o impuestos devengados. La razón por la que estimamos amoral este tipo de medida gubernamental, es porque beneficia solo al que hizo trampa enviando ilegalmente fondos al exterior y, por ende, castiga al empresario honesto que mantuvo sus fondos en el país y pagó regularmente sus impuestos. Pero, visto que el blanqueo es decidido por el propio gobierno, se trata de una operación formalmente legal. Independientemente del aspecto moral del problema, desde el punto de vista puramente práctico, el blanqueo también deja mucho que desear. Si bien los infractores que regresan sus fondos del exterior no son penalizados, por lo menos salen a la luz y, a partir de ese momento, suelen temer ser particularmente vigilados por las autoridades. Por esa razón muchas personas, a pesar de que podrían beneficiarse al acogerse a un blanqueo, se abstienen de hacerlo. Por otra parte, mientras la situación económica de un país no mejora, gracias a medidas serias y ortodoxas, el regreso de fondos es solo transitorio. Si la situación económica no se modifica positivamente, los fondos vuelven a salir del país de una u otra manera.

Lavado de dinero

El lavado de dinero consiste en un conjunto de maniobras cuyo principal objetivo es hacer perder el rastro del dinero y, así, lograr ocultar su origen.

Si bien últimamente tales maniobras han sido utilizadas sobre todo por traficantes de drogas, debe aclararse que no todo el lavado de dinero está ligado a una actividad criminal. Algunas personas respetables y morales se vieron obligadas a esconder su dinero por razones de persecución política o para que no fuera confiscado por un gobierno dictatorial. Otras tuvieron que ponerlo a salvo ante amenazas recibidas por parte de organizaciones terroristas.

El propósito tanto del blanqueo como del lavado es borrar manchas. Pero mientras el primero pretende borrar manchas superficiales, el segundo trata de limpiar dinero con manchas profundas que a veces necesitan de varios lavados antes de desaparecer.

Frecuentemente se ha dicho que las nuevas tecnologías, al automatizar y acelerar las transferencias de fondos, facilitaron las operaciones de lavado de dinero. Creemos que, en este campo, se ha exagerado sobre el papel que desempeña la tecnología. Es cierto que la tecnología permitió que las transferencias de dinero se hayan vuelto mucho más rápidas, pero es dudoso que esto represente una ventaja importante para los delincuentes que intentan lavar dinero. Lo que hace la detección de operaciones de lavado sumamente difícil no es la velocidad de las transferencias, sino su enorme volumen, debido al tremendo aumento del movimiento internacional de fondos.

En la misma forma en que la economía afecta actividades y acontecimientos que no son de naturaleza esencialmente económica, actividades y acontecimientos ajenos a ella la afectan a su vez. Es así que el lavado de dinero puede tener consecuencias diversas sobre la economía de ciertos países.

Un país puede producir masivamente narcóticos destinados principalmente a consumidores de terceros países. A pesar de ser ilegal, este tráfico constituye una real exportación por parte del país productor y una importación por parte del país consumidor. Toda exportación produce un flujo de dinero (divisas) hacia la nación exportadora. El hecho de que las transferencias respectivas se reciban por intermedio del mercado negro, en vez de por una vía legal, solo significa que los fondos pasan a integrar la economía subterránea; pero, como ya hemos visto, la economía subterránea hace parte de la economía global de un país, con el inconveniente de que su dimensión es difícil de medir o estimar, porque no existen estadísticas sobre ella. La balanza comercial (total de dólares que, según estadísticas oficiales, entran al país, menos el total de dólares que salen del mismo en un determinado período) de un país de estas características puede parecer deficitaria (negativa) cuando, en realidad, si se agregaran las cifras correspondientes a la economía subterránea, resultaría excedentaria (positiva). En este caso, la moneda nacional, por la ley de la oferta y la demanda, se valoriza frente a las divisas extranjeras (por la excesiva oferta de estas últimas) y, teniendo en cuenta solo las estadísticas oficiales, parece sobrevaluada. En resumidas cuentas, la economía de este país es probablemente más sólida de lo que aparenta, pero es también más difícil de controlar, ya que una parte creciente de ella es subterránea.

En otros países, el dinero "lavado" crea, por ejemplo, un "boom" ficticio en la industria de la construcción y en el mercado inmobiliario. Enormes y lujosos edificios son construidos o comprados en ciudades donde su existencia no se justifica ni por el bajo número de habitantes ni por su escaso poder adquisitivo. Cuando uno llega a esas ciudades por avión, desde el aire lucen prósperas y modernas, porque el inocente turista no sabe que la mayoría de los altos edificios que contempla desde el cielo están desocupados, a la espera de un inexistente comprador o inquilino.

Finalmente, en países consumidores de narcóticos, la economía se ve afectada por el elevado costo de la lucha contra el tráfico de estas sustancias y el lavado de dinero que le es inherente. Si no se debiera destinar enormes sumas de dinero a combatir dicho tráfico, estos fondos podrían utilizarse para crear mejores escuelas, hospitales y otros servicios de interés público.

La política

La principal causa de que tantas medidas gubernamentales en el área de la economía fracasan es que no se las toma por razones económicas sino por motivos políticos. Tanto los regímenes democráticos (por el temor a que decisiones impopulares hagan perder votos al gobierno de turno) como algunos autoritarios (por necesidad de un caudillo de obtener prestigio personal) toman decisiones económicas populistas que reciben la aprobación de la mayoría de los ciudadanos en lo inmediato, y resultan catastróficas en el mediano y largo plazo. Desgraciadamente, solo un dictador puede, a veces, permitirse el lujo de tomar medidas impopulares. Su poder absoluto hace que un régimen dictatorial sea mucho peor que, aun, una mala democracia. Pero se debe admitir que, cuando un gobernante autoritario tiene buena visión o es bien aconsejado, puede estar, por lo menos en el área económica, en mejor posición para tomar las medidas adecuadas.

La mayoría de la gente entiende poco o nada de economía y, por lo tanto, frecuentemente reclama de sus gobernantes medidas que no harán más que, por ejemplo, empeorar una crisis económica ya existente.

Es así que en Estados Unidos muchas personas pensaron equivocadamente que el gobierno no debió dar ayuda financiera a los bancos del país considerados "demasiado grandes para quebrar", sino que habría sido preferible dejarlos ir a la bancarrota (como legítimo castigo por su mal desempeño). Si bien estas personas moralmente tienen

razón, no se dan cuenta de que la caída de estas grandes
instituciones habría provocado un pánico generalizado y se
habría producido una corrida sobre todos los demás bancos, lo cual habría empeorado tremendamente la crisis económica existente en el país. Lo que sí podrían reprochar
a las autoridades es haber permitido que esos bancos crecieran hasta convertirse en "demasiado grandes para quebrar". Las leyes existentes contra los monopolios se habrían
podido utilizar con este fin.

Por desgracia, muchas crisis económicas se producen
por una acumulación de errores cometidos durante un largo período o como resultado de muchos años de corrupción. Por lo tanto, mal puede esperarse que el problema se
solucione rápidamente.

Debe entenderse, sin embargo, que los desempleados
no pueden esperar años para conseguir nuevos empleos, ni
los que tienen hambre pueden ser alimentados con solucio-
nes a mediano plazo: los gobernados exigen de sus gobernantes medidas inmediatas. Por instinto de conservación,
los políticos se las proveen, sin importarles que esas políticas empeoren la situación general del país y hagan aún más
difícil vislumbrar una solución de fondo.

Repetidamente, y por razones esencialmente políticas,
los gobiernos de países en proceso de desarrollo han tomado algunas de las siguientes medidas:

1) Han mantenido artificialmente sobrevaluada la moneda nacional, mediante la venta en el mercado, por
   parte del Banco Central, de las reservas de dólares
   penosamente acumuladas durante años, permitiendo
   así la importación masiva de productos extranjeros
   pagados con divisas baratas y llenando los supermercados de mercaderías vistosas, importadas, totalmente prescindibles. Han creado así la ilusión de
   un país rico y una economía estable, pero fundiendo

las industrias nacionales, incapaces de competir con las empresas del exterior, y provocando de esta manera desempleo y recesión.

2) Han creado empleos, desarrollando puestos públicos necesarios e innecesarios, pagados con dinero mágico, imaginario, en billetes calentitos recién salidos de las imprentas del Estado, desencadenando así un proceso, primero inflacionario, luego hiperinflacionario, con sus secuelas de inevitables devaluaciones de la moneda nacional y creciente miseria, al nivel de las clases de menores ingresos.

3) Han financiado proyectos grandiosos mediante endeudamientos excesivos con el exterior, calculando equivocadamente la capacidad de repago del país, o calculándolo correctamente, pero transmitiendo el problema al gobierno siguiente, sobre todo si es de la oposición, provocando así la posterior moratoria nacional y el desprestigio del país internacionalmente.

4) Han aceptado préstamos excesivos de entes internacionales ineficientes y burocratizados, supuestamente para el desarrollo de la infraestructura nacional, pero sabiendo que parte de los fondos recibidos terminarían en los bolsillos y en las cuentas personales de miembros del gobierno.

5) Han emitido bonos del tesoro en forma excesiva, desacreditándolos en el mercado nacional e internacional, obligando a los bancos a comprar dichos bonos como parte de su cartera de inversiones y exigiéndoles que los contabilicen a su valor nominal, aun después de que los mismos hayan perdido la mitad de su valor en las bolsas de valores. Mantuvieron

así la ilusión de un sistema bancario sano, cuando en verdad la contabilización de los bonos a su valor real implicaría que todos los bancos del sistema están quebrados.

Y la lista de medidas podría prolongarse...

La guerra

Extrañamente, el acontecimiento del que menos se habla con relación a la economía y que, sin embargo, tiene la mayor repercusión sobre ella, es la guerra. Una guerra puede destruir una economía o puede salvarla. No hay guerra alguna que no tenga o haya tenido un componente económico.

Dentro del concepto general de guerra, incluimos las revoluciones, las guerras civiles, la guerra contra el terrorismo y contra el narcotráfico. Las razones que se invocan para iniciar una guerra pueden ser de carácter nacionalista, territorial, político, filosófico, étnico, moral o religioso, pero rara vez se citan razones económicas. Parecería que en un mundo esencialmente materialista, evidenciamos ser demasiado hipócritas para confesar que lo somos. Sin embargo, es más fácil que una guerra estalle porque un país quiere tener acceso al mar, conquistar tierras fértiles, abrir nuevos mercados, obtener nuevas fuentes de energía –en particular, petróleo–, más que por diferencias ideológicas, teológicas o políticas.

Algunas guerras empiezan basadas en un nacionalismo a ultranza. No olvidemos que si bien el patriotismo está basado en el amor que tenemos por nuestro país, el nacionalismo, por el contrario, se basa en el odio que les tenemos a los países de los demás. Pero este odio, a su vez, sin que nos percatemos de ello ni lo queramos confesar, proviene a menudo de la envidia que sentimos hacia un país que tiene una economía más próspera que la nuestra y hacia un pueblo con un nivel (material) de vida más alto que el nuestro.

En una guerra se busca ante todo destrozar la economía del enemigo. Porque es la manera más expedita de obtener la victoria. Un país desabastecido, sin medios de comunicación, sin fábricas, sin carreteras, sin electricidad, sin comida y a veces sin agua, no puede resistir mucho tiempo.

Pero aun los derrotados practican a menudo el principio de destrucción económica. De ahí que ejércitos en retirada suelen aplicar la táctica de la "tierra arrasada", destruyendo todo lo material que pueda resultar de ayuda al enemigo.

Los terroristas a su vez destruyen líneas de alta tensión, oleoductos, gasoductos, carreteras, y realizan todo lo que pueda ayudarles a crear un caos económico.

También existen otras razones económicas para provocar una guerra. Cuando una economía está en crisis, el pueblo sufre y acusa a su gobierno, con o sin razón, de incompetencia. Una guerra distrae la atención pública, dirigiendo la ira popular hacia un enemigo común. Los romanos calmaban al pueblo con pan y circo. En nuestros días se lo distrae con discursos inflamatorios contra un enemigo real o inventado.

Finalmente, no debemos olvidarnos de que existen individuos y empresas que tienen enormes intereses económicos invertidos en las industrias bélicas y que cualquier conflicto armado los beneficia. Como cualquier otra mercadería, los armamentos no solo deben producirse, sino que deben consumirse. Si no fuera así, se formarían enormes inventarios de armas que se herrumbrarían en depósitos militares y pronto se volverían obsoletas.

Al no necesitarse la reposición y la modernización del material bélico disponible, toda la industria dedicada a su producción quedaría paralizada, con las consecuencias negativas que esto tendría sobre la economía global.

CAPÍTULO XI

TEMAS ECONÓMICOS DE ACTUALIDAD

El neoliberalismo

La economía es como el mar, está sujeta a mareas. A períodos de auge e inflación les siguen períodos de recesión y, a veces, de deflación. A tiempos de empleo pleno les suceden tiempos de desempleo. A tendencias dirigistas les siguen tendencias liberales. Se habla mucho de neoliberalismo en América Latina. En realidad el liberalismo no ha cambiado tanto, sigue siendo liberal. Cuando se habla de neoliberalismo en América Latina, no es tanto para distinguir esta escuela específica de otras formas de liberalismo, sino porque la adopción de esta tendencia en nuestros países responde también a un fenómeno cíclico, ya que le sigue de cerca a una época que se caracterizó por economías sujetas a un dirigismo riguroso y centralizado. Los partidarios del liberalismo económico creen en la sabiduría de los mercados y piensan que si se les da la máxima libertad a las personas de negocios, y a las operaciones comerciales y financieras que ellas realizan, los mercados, gracias a la ley de la oferta y la demanda, se encargarán por sí solos de mantener economías equilibradas y en constante crecimiento. Lo que más distingue al neoliberalismo de tendencias liberales anteriores es su expansión internacional, como consecuencia de la globalización de todos los fenómenos en nuestro planeta, a raíz de los progresos tecnológicos en el área de las comunicaciones. Muchos países en vías de desarrollo han sido azotados por vientos y anegados por olas liberales, provenientes de países industrializados, que no siempre practican lo que predican. El libre comercio internacional es un fin digno de ser perseguido con entusiasmo pero, para que este intercambio pueda tener el éxito deseado y beneficie a todos los países involucrados, las naciones deben poder competir en igualdad de condiciones. Cuando esto no es así, se produce, al igual que en determinadas sociedades, una polarización de la riqueza: o sea, tenemos países cada vez más ricos frente a países cada vez más pobres.

La inversión extranjera

El liberalismo hacia el exterior implica la libre entrada de capitales e inversiones extranjeras al país que lo practica. Esto es bueno, porque aporta al país recipiente una inyección de capital y, por consiguiente, una mayor liquidez, más negocios, más ocupación (empleos) y tecnología de punta. La participación extranjera de importantes empresas nacionales en el capital de países en vías de desarrollo es, por lo tanto, deseable. Sin embargo, toda exageración es mala, incluso la exageración de lo bueno. El problema es que la mayoría de las empresas del exterior que invierten en un país en desarrollo no se contentan con tomar una simple participación en una compañía local, sino que toman una participación mayoritaria, lo que les da el control de dicha empresa. En otras palabras, se vuelven propietarias de la sociedad local. Para peor, cuando una determinada actividad comercial, industrial o financiera les parece particularmente atractiva, no se contentan con comprar una de las empresas que participan en esa actividad, sino que, muchas veces, compran varias o la mayoría de ellas. Es así que, en algunos países latinoamericanos, la casi totalidad del sistema bancario local quedó en manos de bancos del exterior. Si bien se puede considerar que esto le da mayor solidez al sistema, provoca el resurgimiento de sentimientos nacionalistas (que también suelen ser cíclicos) que, aprovechados por gobiernos demagógicos populistas, pueden llegar hasta provocar la nacionalización (o renacionalización) de la banca. El nacionalismo siempre ha sido una tendencia negativa.

La globalización

La globalización es una expresión relativamente nueva, y por ende todavía mal definida. Se utiliza sobre todo con relación a la creciente interdependencia de los países y de sus economías.

Cuando vemos fotos de la Tierra tomadas desde un satélite, la vemos como un globo en el espacio. ¿Por qué pretendemos estar globalizando lo que siempre fue un globo? Es que desde el punto de vista de la humanidad el aspecto de la Tierra era una ilusión óptica. En ella vivían simultáneamente seres humanos separados por la distancia y el tiempo. Mientras algunos vivían en rascacielos en medio de ciudades modernas y bulliciosas, otros seguían refugiándose en cuevas primitivas. Mientras los primeros gozaban de comida abundante y refinada, así como de todas las comodidades de la vida moderna, otros sobrevivían apenas a la miseria y el hambre. Pero la ignorancia y el desconocimiento recíproco de sus respectivas existencias impedía que estas diferencias fueran percibidas o chocantes. La Tierra no era un mundo sino muchos mundos yuxtapuestos.

El desarrollo de medios de transporte veloces, masivos y económicos, y, sobre todo, la explosión de la era informática, revolucionaron esta cómoda y ciega convivencia.

Si bien el llamado neoliberalismo favoreció la globalización comercial y financiera, esta no nació esencialmente de tendencias políticas, económicas o filosóficas, sino de los vertiginosos progresos en el área de las comunicaciones. Por consiguiente, para bien o para mal, o en ambos sentidos, la globalización está aquí para quedarse.

La globalización tiene algunos aspectos benéficos para los países en desarrollo, al darles un más fácil acceso a la inversión extranjera, a la tecnología, así como a mercados foráneos para sus exportaciones. Pero tiene también efectos secundarios peligrosos. Porque si se globaliza todo, se globaliza también lo malo. Es así como se agudiza el efecto "dominó", o sea, por ejemplo, la repercusión de la crisis económica de un país sobre los demás, ya que las economías de diferentes naciones son cada vez más interdependientes. Si un país rico entra en recesión, disminuyen sus importaciones, lo que afecta desfavorablemente a los países que acostumbran venderle sus productos, y sobre todo a los que dependen exageradamente de sus exportaciones para crecer, por no tener un importante mercado interno. Este suele ser el caso de los países que tienen un alto nivel de pobreza, ya que las personas de bajos recursos consumen poco. La globalización también exacerba el crecimiento de las empresas, por expansión o por fusión. Todas buscan producir más gastando menos. La fusión de dos empresas, en teoría, permite esto. Se supone que logran por lo menos mantener conjuntamente el nivel de producción que tenían antes de la fusión, pero con menos personal y menos gastos. Por consiguiente, se deshacen de trabajadores considerados superfluos, aumentando así el número de personas sin empleo. En un mercado en recesión esto es grave, ya que la gente despedida por causa de fusiones se suma a la que fue despedida por los progresos tecnológicos, al ser reemplazada por máquinas robóticas y computadoras en sus puestos de trabajo.

Finalmente se constata que, si bien en el campo de la salud se han hecho algunos progresos espectaculares, las epidemias, a su vez, ya no tienen fronteras y viajan en los mismos medios de transporte que utilizan sus víctimas. La plaga del terrorismo, por su parte, también se está globalizando, a pasos agigantados.

Las fusiones

Antes que nada debe decirse que la palabra fusión suele ser un eufemismo, porque en realidad no existen fusiones reales, sino que una empresa compra y la otra se vende. Porque una fusión, en principio, implicaría la integración de dos compañías en una sola, en condiciones iguales para ambas. Eso no existe porque, aunque los accionistas de cada una tuvieran el 50% de las acciones de la nueva compañía (lo que casi nunca ocurre), siempre existe un grupo que predomina, sea por capacidad profesional, por habilidad política o por cualquier otra razón, evidente o disimulada. En la mayoría de los casos el grupo que tiene más del 50% de las acciones, o sea, la mayoría, es el que domina y maneja la nueva empresa.

En tiempos de auge económico, dos sociedades pueden llegar a la conclusión de que ganarían más dinero si, en vez de competir, se juntaran. Esto les permite despedir parte de su personal y reducir sus gastos generales. A veces, también les permite incrementar sus precios de venta, lo que perjudica a los consumidores. Por eso, suele ocurrir que un gobierno no autorice alguna fusión, temiendo que la nueva empresa se convierta en un monopolio y, al no tener competencia, pueda adoptar prácticas comerciales poco ortodoxas y perjudiciales para el público en general.

En tiempos de recesión, la tendencia hacia las fusiones adquiere más fuerza, pero ya no necesariamente entre empresas que quieren ganar más dinero, sino entre empresas que quieren perder menos.

La globalización, que aumenta la competencia a nivel internacional, también provoca un incremento de las fusiones.

Todas estas fusiones inciden negativamente no solo en el índice de empleo, sino también sobre la atención al cliente. Por más de diez años la mayoría de las empresas adoptaron tácticas y estrategias dirigidas, por lo menos en teoría, a mejorar el servicio al cliente. Esto era absolutamente prioritario, el cliente era rey. Sin embargo, el gigantismo, que emana de un exceso de fusiones, tiene consecuencias absolutamente opuestas a esta filosofía, y es probable que los clientes nunca hayan sido tan mal atendidos como en los últimos tiempos. Las fusiones también son fuente de incertidumbre y de falta de apego de los empleados hacia la empresa en donde trabajan. No conocen a los nuevos dueños de la compañía, ni cuál es su estrategia, ni quiénes sobrevivirán a la fusión y quiénes no, ni si esta es la última fusión o solo el principio de un largo proceso de cambios. El crecimiento exagerado de las empresas las obliga a compartimentarse. Los empleados trabajan en cubículos, cumplen con una función específica o única, dentro de una programación que no deja espacio para la flexibilidad, la iniciativa o la imaginación.

El progreso de la tecnología

Los progresos de la tecnología han tenido, y seguirán teniendo, efectos benéficos y también maléficos sobre la economía. La Revolución Industrial, por un lado, y la gran depresión de los años treinta, por el otro, ya lo habían demostrado. En ese entonces, la introducción en las fábricas de nuevas maquinarias aceleró los procesos de producción y disminuyó su costo. Eso era bueno. Pero, al mismo tiempo, redujo las necesidades de mano de obra en las empresas industriales, provocando un aumento del desempleo. También creó una gran euforia en el mundo de los negocios y una suba exagerada del precio de las acciones en las bolsas de valores, lo que terminó en una caída vertiginosa, en pánico y en una larga depresión (sobre todo en la economía estadounidense). Recientemente, la "revolución informática" tuvo repercusiones similares (aunque no idénticas, ya que las crisis se repiten, pero siempre con algunas diferencias). No hay duda de que el fax, el teléfono celular, los contestadores automáticos y sobre todo Internet transformaron la sociedad moderna. Como la mayoría de los progresos tecnológicos, estos nuevos instrumentos, cuando son utilizados con sensatez, tienden a mejorar la calidad de vida de las comunidades que los adoptan. Desgraciadamente, la sensatez no es la cualidad humana más difundida. Muchas veces, las nuevas tecnologías, más que por sus cualidades intrínsecas, son utilizadas porque son novedosas y se ponen de moda. En esos casos, empiezan siendo empleadas exageradamente y sin discernimiento, y recién cuando maduran y se vuelven corrientes se convierten en esencialmente utilitarias y son aprovechadas de manera más razonable y constructiva.

Los progresos en el campo de las comunicaciones han sido un factor preponderante en la globalización económica y comercial de nuestra era y, por consiguiente, son responsables, aunque sea indirectamente, de las consecuencias de dicha globalización, o sea, la multiplicación de fusiones entre empresas a nivel nacional (para poder competir con las compañías multinacionales) e internacional, las consiguientes economías de escala (despido de personal) y el incremento del desempleo.

El acceso rápido y universal a todo tipo de información a través de Internet debería elevar sensiblemente el nivel de educación y cultura general de la población. Sin embargo, a veces, el exceso de información equivale a una falta de información. Porque para aprovechar positivamente el fácil acceso a la información, hay que ser selectivo, ya que nadie puede pretender conocerlo todo. Cuando vagar por la red (Internet) se vuelve adictivo, particularmente entre los jóvenes, las informaciones son asimiladas indiscriminadamente. Noticias de actualidad, programas educativos e informaciones históricas o científicas compiten con juegos violentos, programas pornográficos e intercambio de historias supuestamente chistosas pero, generalmente, solo groseras. Si agregamos a las horas pasadas frente al televisor las horas pasadas ante la computadora, vemos que existen buenas razones para preocuparnos por la educación de nuestros hijos.

El desarrollo del correo electrónico a través de Internet permite un contacto rápido y barato con amigos o corresponsales en todo el mundo. Cartas que uno no escribía por falta de tiempo, o llamadas telefónicas que uno no hacía por su alto costo, hoy son reemplazadas por mensajes veloces enviados por la red. Como no hay peor gestión que la que no se hace, hemos dado un salto hacia adelante. Hoy es mucho más raro que dejemos de hacer un contacto, de realizar una consulta o de contestar un mensaje por falta de tiempo, por ser perezosos o por ahorrativos. Por otra parte, dado la prisa con la cual se redactan, los mensajes electrónicos suelen ser mucho más informales –por no decir descuidados– que las cartas. Se admiten errores de tipeo, pero también faltas de ortografía y hasta de gramática. Nuestros idiomas, que ya sufren el maltrato de la prensa y la televisión, y múltiples mutilaciones que les son impuestas voluntariamente o por ignorancia e indiferencia, evidentemente no se beneficiarán con este nuevo medio de comunicación.

Los teléfonos celulares son de enorme utilidad, sobre todo para las personas que por viajar mucho o por las características de su trabajo son difíciles de localizar. Deberían ser utilizados principalmente en situaciones de emergencia. Sin embargo, se ha generalizado su empleo continuo e indiscriminado. Distraen tanto al automovilista como al peatón, y también se vuelven adictivos para las personas que no soportan ni un minuto la soledad y son alérgicos al pensamiento, a la tranquilidad o al silencio.

Finalmente, los contestadores automáticos, cuyas funciones principales deberían ser recibir mensajes en ausencia de los dueños de casa o canalizar consultas hacia las personas que las pueden responder, hoy se usan sin ton ni son, principalmente como pantallas para las personas que, por cualquier razón, válida o no, no desean contestar las llamadas telefónicas que reciben. No cabe la menor duda de que, por el abuso que se hace de los contestadores automáticos, particularmente por parte de personas que no los necesitan ni deberían tenerlos, hoy es mucho más difícil comunicarse con alguien telefónicamente de lo que era antes de que estas máquinas se incorporaran a nuestra vida diaria.

La nueva economía

Suena mejor hablar de "neoliberalismo" que de "liberalismo reaccionario", pero la segunda expresión es más correcta que la primera. Porque los principios básicos del liberalismo no han cambiado, y a lo que se refiere "neoliberalismo" es, en realidad, solo al renacimiento del liberalismo tradicional, con alguna adaptación a su nuevo entorno: la globalización.

El entusiasmo de jóvenes ingenieros por los fulminantes progresos en el campo de las comunicaciones en general (y en Internet en particular), y por sus posibles aplicaciones en el mundo de los negocios, los convirtió en ansiosos hombres de empresa, con grandes conocimientos técnicos y poca experiencia empresarial. Creyeron que la revolución informática venía acompañada por una revolución económica, o sea, por una nueva economía.

Como en el caso del liberalismo, no existe tal nueva economía sino solo una adaptación de la economía de siempre a nuevas circunstancias. Las teorías económicas pueden multiplicarse, nacer y morir, pero las leyes o normas básicas de la economía no cambian. Una de ellas es que, en un mundo capitalista y liberal, una empresa privada que no logra beneficios no puede sobrevivir. Otra es que, para cualquier empresa, crecer es solo un medio para obtener mejores resultados, y nunca es un fin en sí.

Muchas nuevas empresas, especialmente en el área de las comunicaciones por Internet, creyeron haber inventado una "nueva economía" en la cual el crecimiento era elemento suficiente para justificar la existencia de la compañía. Pensaron que mientras una organización siguiera consiguiendo una mayor participación en el mercado, podía endeudarse al infinito y postergar indefinidamente la obtención de utilidades. Por consiguiente, no debe sorprendernos la serie de quiebras que se han producido entre estas nuevas sociedades. Lo más llamativo es que hayan podido obtener tanto capital de riesgo por parte de inversionistas experimentados. Porque, en principio, en el mundo de los negocios, como en otros medios, el diablo sabe por diablo pero más debería saber por viejo.

Las crisis bancarias

El sistema bancario es para la economía lo que el sistema circulatorio es para el cuerpo humano. Con la excepción de algunas primitivas, basadas en el trueque, ninguna economía puede sobrevivir sin un sistema bancario o financiero que facilite la circulación del dinero, oxigenando sus actividades productivas y evitando la formación de coágulos paralizantes.

A pesar de que los bancos nunca han sido tan regulados y supervisados como en los últimos tiempos, muchos sistemas bancarios han sufrido profundas crisis que los han puesto al borde del colapso. Uno podría preguntarse, incluso, si esto no se debe justamente a un exceso de control y supervisión. Es que las normas cada día más severas y complejas a las cuales la banca está sujeta, las inspecciones que la agobian y el elevado costo que estos controles implican, no facilitan ni promueven el desarrollo bancario. Por otra parte, al estar todas sus actividades reglamentadas por una burocracia nutrida de teorías y falta de experiencia, los banqueros tienden a perder parte de su espíritu de iniciativa, de su entusiasmo y aun de su autoestima.

Existen dos tipos de crisis en la banca: la de una institución específica, y la de todo el sistema. Es cierto que la crisis de una institución puede afectar a todo el sistema. La pérdida de confianza del público en un banco a veces provoca una desconfianza generalizada (frecuentemente injustificada) hacia todas las demás entidades. La crisis de un banco suele deberse a una mala gestión de parte de su gerente general o de su plana mayor. Pero una crisis de todo el sistema bancario rara vez se debe a una mala gestión de los bancos que lo integran, sino a las condiciones en las cuales se ven obligados a desarrollar sus actividades. No existe aquí el problema de quién surgió primero, el huevo o la gallina. Es raro que una crisis bancaria desencadene una crisis económica, sino que es la crisis económica la que suele provocar una crisis del sistema bancario. La banca sufre las consecuencias del tratamiento, a veces inadecuado o injusto, que recibe de parte de las autoridades competentes, de la frecuente desinformación o asedio de la prensa, y de la falsa imagen que tiene de ella el público en general. Con demasiada frecuencia, los bancos son utilizados como chivos expiatorios de males económicos creados por otros. Atacar a los bancos es fácil, porque nunca han sabido defender adecuadamente su imagen. Los políticos saben que los bancos no votan. Los clientes de crédito los detestan, porque nadie quiere a un acreedor. Y los depositantes se quejan de los bajos intereses y de la mala atención recibida.

En un país sudamericano, las autoridades del Banco Central llegaron a la conclusión de que los bancos privados no estaban otorgando suficientes créditos al sector agrícola. Por ende, sacaron un decreto por el cual todos los bancos del sistema debían tener por lo menos un 15% de su cartera de créditos colocada en préstamos a dicho sector económico. Les daban a los bancos un plazo de noventa días para regularizar su situación al respecto. Algunas instituciones sin experiencia en el área, visto lo perentorio del plazo otorgado, se lanzaron a conceder préstamos improvisados y mal estudiados a una serie de agricultores. El resultado, como era de esperarse, fue que muchos de dichos préstamos no se reembolsaron a sus vencimientos, y los bancos tuvieron que exigir el pago por la vía jurídica. Inmediatamente, el gobierno y la prensa acusaron a la banca de "falta de sensibilidad social". Lo que ambos olvidaban, o no querían admitir, es que los préstamos en cuestión, como todos los que hacen los bancos, estaban hechos principalmente con el dinero de los depositantes. O sea que, al exigir su reembolso, los bancos estaban defendiendo los intereses de sus clientes depositantes y ahorristas (mucho más numerosos que los agricultores prestatarios), y por hacerlo estaban mostrando, al contrario de lo que se denunciaba, una gran dosis de "responsabilidad social".

En otro país, las autoridades monetarias mantuvieron durante largo tiempo la moneda nacional sobrevaluada, lo que tuvo como resultado que, en previsión de una posible devaluación, y por precaución, el público empezara a retirar moneda local de sus cuentas bancarias para comprar dólares. Esto provocó una tremenda iliquidez en la plaza y, por consiguiente, una crisis bancaria. Los principales bancos del país tuvieron una reunión con el gerente general del Banco Central para pedirle ayuda. Este se negó a darles acceso a fondos adicionales en moneda nacional (mediante el redescuento u otro sistema) y les aconsejó utilizar sus líneas de crédito en dólares con bancos corresponsales del exterior, lo que implicaba para los bancos un enorme riesgo de cambio. Sin embargo, para tranquilizarlos respecto de este punto, les juró que nunca devaluaría la moneda nacional. Por consiguiente, toda la banca se endeudó en dólares. Entonces, el Banco Central decretó una fuerte devaluación de la moneda nacional, poniendo todo el sistema bancario al borde de la quiebra.

Más recientemente, para evitar una "corrida" de los depositantes para retirar sus fondos del sistema bancario, las autoridades de un tercer país latinoamericano decretaron un bloqueo parcial de los fondos correspondientes. O sea, prohibieron a los bancos devolver fondos a los depositantes más que a cuentagotas. Esto creó una verdadera y justificada indignación del público.

¿Pero hacia dónde fue canalizada esta indignación? ¿Hacia los que decretaron la medida? Bueno, sí, en parte, pero, con el beneplácito del gobierno, principalmente hacia los bancos, que no hacían más que cumplir con una orden de las autoridades del Estado.

La dolarización

La falta de estabilidad de la moneda nacional dificulta el comercio de un país con el resto del mundo. El que quiere comprar mercadería en el exterior frecuentemente no logra saber con anticipación lo que esa mercadería le costará en su propia moneda, y el que vende productos al exterior no está seguro de cuánto recibirá por ellos en moneda local.

Por otra parte, la falta de estabilidad provoca una general desconfianza en la moneda nacional y el deseo de los ciudadanos de poner sus ahorros y sus inversiones al abrigo de las constantes fluctuaciones del tipo de cambio, comprando moneda extranjera (principalmente dólares).

Para evitar que esos fondos salgan del país, legal o ilegalmente, muchas naciones en vías de desarrollo han permitido que sus ciudadanos abran cuentas en dólares en bancos locales y efectúen diversas operaciones en esa moneda. En estos países los depósitos y los préstamos bancarios en dólares pueden llegar hasta un 70 u 80% del total. Se puede considerar que estas economías, sin que esto esté oficializado, de hecho están semidolarizadas.

Desgraciadamente, cuando se produce una devaluación de la moneda local en un país semidolarizado, solo las personas más pudientes de la sociedad se encuentran protegidas, pues son las que reciben una remuneración en dólares y tienen su capital en esa divisa. En general, la gente más modesta o pobre continúa ganándose la vida o recibiendo una pensión en moneda local. O sea, en una economía solo parcialmente dolarizada, una devaluación (y la inflación que suele seguirle de cerca) afecta negativamente a un sector importante de la población.

Con el fin de eliminar totalmente las consecuencias de eventuales devaluaciones de la moneda nacional, y para lograr una mayor estabilidad, unos pocos países con economías relativamente débiles han elegido el camino de la dolarización total, o sea, la eliminación de su propia moneda y la adopción del dólar estadounidense como medio general de pago (otros países están considerando esta alternativa, que es apoyada por algunos de sus economistas y políticos). En general, la dolarización es presentada como una propuesta o una estrategia a las que se ha llegado después de sopesar varias alternativas y por razones de buen criterio económico. No nos engañemos: ningún país desea jamás eliminar su propia moneda a favor de la moneda de un tercer país, y cuando, finalmente, llega a hacerlo, no es por elección sino porque se ve obligado a ello al no quedar ninguna otra posibilidad excepto la de una total anarquía económica y política.

También hay quienes han querido hacer creer que la dolarización es una decisión popular, ya que frecuentemente se llega a ella después de un período de semidolarización, o sea, como culminación lógica de un proceso iniciado espontáneamente por los ciudadanos. Se puede admitir que se trata efectivamente del fin de un proceso, pero nunca puede decirse que se trata de un proceso popular o elegido por el pueblo, sino de uno que le ha sido impuesto por el mal (y a menudo deshonesto) manejo de la economía por parte de autoridades incompetentes.

La dolarización, además, no está al alcance de cualquier nación. Un país debe tener todavía suficientes reservas en divisas para permitir a su población convertir sus fondos de moneda nacional a dólares. En efecto, el gobierno, a través de su Banco Central, deberá surtir el mercado, o sea, vender dólares. Un gobierno no puede exigir a sus ciudadanos convertir su dinero a dólares sin proveerlos de esta moneda. Si no fuera así, y si la gente tuviese que comprar dólares en el mercado a cualquier precio, por la ley de la oferta y la demanda, el precio del dólar contra la moneda nacional se iría al cielo y la dolarización fracasaría.

Es cierto que la dolarización elimina los riesgos inherentes a las devaluaciones y a las fluctuaciones del tipo de cambio en general. Pero no elimina las demás enfermedades económicas. La conversión obligatoria del dinero local a dólares a un tipo de cambio que será inevitablemente alto, producirá también, en primera instancia, una ola inflacionaria. Luego, el gobierno tendrá dos opciones: abrir completamente su mercado a la importación de productos extranjeros, con lo cual frenará el aumento del precio de dichos productos, pero provocará la quiebra de las industrias que los producen localmente, ya que no podrán competir con los importados; o proteger su economía a través de medidas restrictivas, con lo cual se perderá una parte importante del beneficio de haberla dolarizado.

En el primer caso, se acentuarán la recesión y el desempleo; en el segundo caso, el mercado quedará parcialmente desabastecido y los precios de muchos productos seguirán siendo prohibitivos y estarán fuera del alcance de la mayor parte de la población.

La dolarización implica también renunciar a toda política monetaria autónoma. La liquidez monetaria dependerá del flujo de dólares que por cualquier concepto entran y salen del país. Si el país importa más de lo que exporta, o sus pagos al exterior exceden ampliamente los pagos recibidos desde otros países, es de esperarse una fuerte iliquidez. El Banco Central ya no podrá regular a su antojo el mercado de dinero. El país estará sujeto a problemas y decisiones de carácter económico estadounidenses que le son ajenos y que pueden no coincidir con sus propios intereses, que nunca serán tomados en consideración. Una fuerte alza (revaluación) del dólar perjudicará sus exportaciones al volverse prohibitivos los precios de estas. Una fuerte devaluación del dólar encarecerá sus importaciones al valer menos su nueva moneda nacional.

Se puede argumentar que los países de la Unión Europea también han renunciado a su soberanía en materia monetaria. Esto es solo parcialmente cierto. Es muy diferente crear y adoptar una "nueva moneda", en este caso el euro, que adoptar la moneda de un tercer país. Cada país de la comunidad sigue participando de las decisiones monetarias tomadas en forma conjunta, y ninguno de ellos ha adoptado la moneda del otro, sino que todos adoptaron una moneda previamente inexistente y, por consiguiente, ninguno de ellos está sujeto a medidas tomadas unilateralmente por otro.

Finalmente, hay que señalar que la dolarización obliga a la importación masiva de dólares billete. Es que, a partir del momento en que el dólar es considerado moneda nacional, los bancos deben poder entregar dólares billete a todos los que emiten cheques girados sobre sus cuentas en esta moneda.

En un país cuya economía estaba semidolarizada, al recibir depósitos en dólares billete para el crédito de cuentas corrientes o de ahorros, los bancos solían imprimir una frase en el recibo o nota de crédito correspondiente, que estipulaba: "Este banco no se compromete a entregar dólares billete al titular de esta cuenta cuando gire contra la misma, ya que los mismos pueden no estar disponibles en ese momento. En ese caso, el banco se reserva el derecho de remitir al girador, o al beneficiario del girador, un cheque en dólares, o una transferencia aérea o telegráfica en dicha moneda". Sin embargo, en una economía dolarizada, esta reserva ya no se puede justificar y los bancos deben obligatoriamente entregar billetes a los clientes que los soliciten.

El euro

La creación del euro no fue una iniciativa puramente monetaria, ya que no se habría logrado sin primero adoptar principios y tomar medidas para estabilizar y reforzar las economías de los países que participarían en la Zona Euro.

Hacer desaparecer monedas existentes y crear una moneda totalmente nueva tiene algo tan mágico como poner una bufanda colorada en una galera y sacar de ella un conejo blanco. En realidad, el euro –que ya existía teóricamente desde algún tiempo atrás, en forma puramente contable– nació realmente cuando aparecieron billetes y monedas con su denominación. Es que, aun en nuestros días, y a pesar de los milagros tecnológicos, la gente quiere ver para creer.

Europa entendió correctamente que una nueva moneda constituía la culminación de un proceso de integración económica y que hubiese sido impensable crearla al principio de ese proceso. Ha sido difícil lograr que países orgullosos y nacionalistas renuncien a su propia moneda, y habría sido imposible lograrlo si no se hubiese adoptado una moneda nueva y neutral.

En efecto, nadie puede pensar que los alemanes hubiesen accedido a adoptar como moneda el franco francés, ni que los franceses hubieran podido aceptar el marco alemán como moneda nacional. De todos modos, fue difícil y largo el proceso hacia el euro, aun entre países que ya habían formado un mercado común y adoptado políticas económicas compatibles.

Por consiguiente, es probablemente prematuro siquiera pensar en la creación de una moneda latinoamericana. Los países de las Américas tienen todavía economías demasiado inestables y las diferencias existentes entre ellas son aún de tal magnitud que adoptar una moneda común es, en estos momentos, utópico.

De todos modos, el día que este proyecto pueda considerarse con mayor realismo, es de esperarse que la nueva moneda no se llame UMLA, como se propuso alguna vez (por "unidad monetaria latinoamericana"), porque, aunque parezca mentira, si se quiere obtener una acogida favorable de una nueva moneda por parte del público, el nombre que se le dé será importante.

Emigración. Los que se van

Todos, consciente o inconscientemente, queremos a nuestro país. Nos damos cuenta de ello sobre todo cuando estamos lejos de él. Es natural, porque se recuerda con cariño solo lo bueno y se olvida lo malo que tiene. Además, si no viajamos al exterior, no tenemos puntos de comparación. Nos basamos en lo que nos cuentan los que regresan de unas exóticas vacaciones, o lo que nos muestran las películas o la televisión, que casi siempre es una serie de imágenes de lo mejor que tienen los países que las producen. Lo nuestro siempre nos parece peor. Cuando nuestras economías están enfermas de inflación, de recesión o de ambos fenómenos al mismo tiempo, muchos exclaman: "¡En este país ya no se puede vivir!". Pero hace falta que estemos verdaderamente desesperados para que decidamos irnos, porque no sabemos a ciencia cierta si en otros países se vive mejor.

No depende de nosotros nacer en un país rico o en un país pobre. Hay quienes creen que la salud económica de un país está en su subsuelo. Si esto fuera cierto, Sudáfrica y Venezuela serían países muy ricos, mientras que Suiza y Japón serían países paupérrimos. En realidad, el mayor activo de una economía es su gente. Si Suiza y Japón son países ricos, casi cualquier país puede llegar a serlo, a condición de tener una población educada, disciplinada y trabajadora, y un buen gobierno.

Bélgica produce uno de los mejores chocolates del mundo, a pesar de no poseer plantaciones de cacao por no permitirlo su clima ni su exiguo y superpoblado territorio.

Desgraciadamente, el último decenio no se ha caracterizado, ni en determinados países, ni internacionalmente, por haber alcanzado una mejor distribución de la riqueza. La concentración de la riqueza hace que los países ricos sean más ricos y los pobres sean más pobres. Este fenómeno ha despertado, en muchos habitantes de los países menos favorecidos, el deseo de emigrar hacia naciones más ricas. En otras palabras, los residentes de países que padecen una grave crisis económica sufren una erosión de su patriotismo.

Frecuentemente se produce un círculo vicioso: la mala situación económica provoca la emigración, y la emigración empeora la situación económica, porque se van los mejores profesionales y las personas más pudientes. El país se desangra, ya que se desprende de su mejor activo, o sea, su gente.

En un pequeño y poco poblado país latinoamericano, en cierto momento se produjo un éxodo tan grande que los que se iban decían con amargura: "¡Qué el último en irse apague la luz!".

Y, más recientemente, el título de un artículo en un importante periódico de otro país del continente decía: "Hay grandes colas ante el Ministerio de Asuntos Exteriores. Se agotó la existencia de pasaportes".

Sin embargo, los riesgos que corre el que se va de su país son múltiples. El primero se relaciona con el total desconocimiento de las leyes y las reglamentaciones del país hacia el cual quiere emigrar. A menudo le será imposible obtener una visa por tiempo indeterminado. Tendrá que viajar como turista o como estudiante, con una visa temporaria. Es probable que, una vez en el país de llegada, no obtenga la residencia permanente antes del vencimiento de su visa, con lo cual se convertirá en un inmigrante ilegal. En esa condición, le costará mucho conseguir trabajo, ya que ninguna empresa local se atreverá a contratarlo por miedo a las penalidades que le serían impuestas si se descubriese que emplea a inmigrantes ilegales. Por otra parte, aun si consigue un permiso de residencia y de trabajo, no necesariamente obtendrá el empleo que busca, ya que puede existir poca demanda por su especialidad profesional o mucha competencia local. La falta de conocimiento del idioma también puede constituir un trastorno serio. Asimismo, para ejercer algunas profesiones como la medicina, la ingeniería, la docencia, etc., suelen no aceptarse diplomas emitidos por universidades extranjeras, y quien desea practicar estas profesiones es obligado a revalidar sus estudios, un proceso que siempre es largo y costoso. Además, si bien la retribución por un trabajo determinado puede ser muy superior a la que el interesado obtenía por el mismo trabajo en su país de origen, el costo de vida en el nuevo país también puede ser mucho más elevado de lo que el inmigrante preveía, y así se anula la ventaja esperada, ya que el sueldo es más atractivo solo en apariencia. Finalmente, el inmigrante puede encontrar que la población local lo recibe de mala gana, con actitudes poco amistosas o, incluso, agresivas. Los trabajadores locales quieren defender sus empleos y se sienten amenazados por el recién llegado.

En un mundo globalizado se supone que estas resistencias a la inmigración deberían desaparecer gradualmente. La creación de mercados comunes como el Europeo y, en América, el Mercosur, el Grupo Andino, el Mercado Común Centroamericano y el Nafta, deberían facilitar también la apertura de las fronteras y el intercambio de trabajadores. Pero ocurre que los problemas causados por la inmigración son los que, hasta ahora, resultan más difíciles de resolver. Integrar las economías de países que tienen aproximadamente el mismo nivel de desarrollo es mucho más fácil que integrar las economías de países que poseen niveles de desarrollo totalmente desiguales.

Lo único que puede reducir los riesgos del emigrante es estar muy bien informado de lo que le espera en el país de destino.

No hay duda de que los progresos tecnológicos en las comunicaciones y el abaratamiento (y la consiguiente masificación) de los viajes por avión han tenido una fuerte influencia en el incremento de la emigración en los tiempos actuales. Si se tratara solo de un movimiento destinado a equilibrar las economías de los países involucrados, transfiriendo mano de obra de los lugares donde es demasiado abundante a las áreas donde escasea, se resolverían simultáneamente los problemas de inflación (por el excesivo aumento de los salarios) en las economías en pleno desarrollo, y de desempleo en los países con economías en recesión.

Desgraciadamente, el exceso de emigración, como todo exceso, tiene, al contrario, efectos negativos tanto para las naciones de donde provienen los emigrantes como para los países a los cuales se dirigen. Su partida debilita aún más las economías de los primeros, y su llegada masiva crea distorsiones y eventualmente desempleo en las economías de los países huéspedes.

Por más precauciones que se tomen, también es cierto que las migraciones facilitan la propagación de enfermedades por todo el mundo. Se podría argumentar que este no es un problema de orden económico, pero en realidad sí lo es, porque hay epidemias –como la del sida, por ejemplo– que tienen un enorme impacto sobre las economías de los países que no consiguen controlarlas.

Esto puede deberse a la emigración (salida de capital humano), a la transferencia de fondos (salida de capital), y hasta al desplazamiento de empresas o negocios. En algunos países sometidos a guerras civiles, inseguridad personal y colectiva, alto grado de pobreza, hambre, epidemias, o catástrofes naturales como huracanes y terremotos, la población tiende a emigrar, en busca de mejores perspectivas.

Las crisis económicas, independientemente de si se caracterizan por la hiperinflación y la devaluación de la moneda nacional o por recesión y desempleo, provocan la salida masiva de capitales y de habitantes que buscan mayor estabilidad en otros países. Estas huidas de dinero y personas perjudican al país y empeoran las crisis económicas existentes, que se nutren de sí mismas.

CONCLUSIÓN

¿Economía? Eso suena difícil y aburrido. Y, sin embargo, ustedes leyeron este libro hasta el final. Porque se dieron cuenta de que, aun si les damos más importancia a la filosofía, la religión, la estética, la poesía o el deporte, nuestra vida diaria y nuestras posibilidades de dedicarnos a estas otras actividades, dependen principalmente de la economía. Nuestros sueños rebosan de sentimientos, pero nuestra realidad, nos guste o no, rebosa de factores económicos.

Cuantos más entiendan los principios básicos de la economía, mejores serán las perspectivas de enfrentar con éxito sus altibajos. Nadie pide milagros, pero todos queremos disfrutar de la vida que nos ha sido dada, y que los demás también puedan hacerlo.

ACERCA DEL AUTOR

Robert Marcuse nació en Bruselas, Bélgica, pero vivió casi toda su vida en las Américas y es ciudadano uruguayo.

Hizo sus estudios secundarios en el Liceo Francés de Montevideo y sus estudios universitarios en la Universidad de Columbia, Nueva York, para más adelante completar el programa de *Advanced Management* en Harvard, Boston.

Su carrera profesional se desarrolló principalmente en el Banco Sudameris (originalmente Banco Francés e Italiano para la América del Sud, cuyos principales accionistas fueron la Banca Commerciale Italiana, el Banque de Paris et des Pays Bas y el Banco Indo Suez), siendo gerente y director de varias de sus entidades en Uruguay, Argentina, Venezuela, Estados Unidos, Perú y Colombia.

Además fue presidente de la Asociación de Banqueros Internacionales de la Florida (FIBA), asesor del Comité Directivo de la Federación Latinoamericana de Bancos (Felaban), miembro del Directorio de Banqueros Internacionales de Nueva York (IIB), miembro del Comité de Negocios Internacionales de la Asociación Bancaria para las Finanzas y el Comercio (BAFT), Washington.

Publicó libros sobre finanzas y economía que tuvieron gran difusión en las tres Américas gracias a su contenido empírico, su enfoque pedagógico y la sencillez con que están escritos, que los pone al alcance de todos.

Entre estos títulos deben mencionarse:

Operaciones bancarias internacionales, cuya primera edición fue efectuada por la Federación Latinoamericana de Bancos y traducida al inglés y publicada en Estados Unidos por la Bank Administration Institute de Illinois.

El banco nuestro de cada día, con la misma primera edición y traducción al inglés, y cuya más reciente edición fue realizada por Ediciones Granica a finales del año 2010.

Otras de sus obras son: *Diccionario de términos financieros y bancarios, La banca nueva y la banca de siempre, La importancia de las cosas sin importancia, Hablemos de economía,* y *¿Cuánto vale una vaca?,* libro de economía para niños, escrito conjuntamente con su esposa.